서우경의
크리스천을 위한
행복 코칭

서우경의
크리스천을 위한 행복 코칭

초판 1쇄 인쇄 | 2009. 11. 5.
초판 1쇄 발행 | 2009. 11. 10.

지은이 | 서우경
펴낸곳 | 자유로운상상
펴낸이 | 하광석
디자인·편집 | 블룸

등록 | 2002년 9월 11일 (제 13-786호)
주소 | 서울시 성북구 장위동 231-187 102호
전화 | 02-392-1950 팩스 | 02-363-1950
이메일 | hks33@hanmail.net

ISBN 978-89-90805-52-2 03200

· 사전 동의 없는 무단 전재 및 복제를 금합니다.
· 잘못 만들어진 책은 바꾸어 드립니다.
· 책 값은 뒷표지에 있습니다.

서우경의
크리스천을 위한
행복 코칭

서우경 지음

치유로운 상상

지은이의 말

"사람이 마음으로 자기의 길을 계획할지라도
그 걸음을 인도하는 이는 여호와시니라"

「잠언」 16장 9절

하나님의 섭리적인 인도하심은 참으로 놀랍습니다. 이 책이 나오기까지 하나님의 세심한 인도하심을 기억합니다. 하나님의 자녀들을 향한 비전을 성취할 수 있도록 도와주는 코칭을 방송과 책으로 소개할 수 있게 기회를 주신 하나님께 진심으로 감사드립니다.

처음 '행복 코칭'을 기독교 TV CTS에서 방송하게 된 것은 신실하신 하나님의 전적인 인도하심에 따른 것이었습니다. '코칭'이 일반 시청자들에게는 아직 낯선 영역이라 저는 이것을 어떻게 소개해야 할지 하나님께 기도하며 지혜를 구했습니다.

매순간 성령의 도우심을 구하며 모든 연령대의 시청자들이 볼 수 있도록 쉽게 설명하는 것이 어려운 과제였습니다. 시청자들은 조금만 어려워도 바로 채널을 돌린다는 말을 듣고 내심 걱정했는데, 다행히 시청자들의 많은 관심을 받아 방송 내내 베스트 프로그램으로 자리매김할 수 있었습니다. 이것은 저에게 매우 놀라운 경험이었으며, 또한 이를 이끌어주신 하나님의 축복이 없었다면 이 책은 세상에 나오지 못했을 것입니다.

오늘날 한국 교회가 세상 사람들에게 함부로 폄하되고 빛과 소금의 역할을 감당해야 할 크리스천들이 오히려 더 우울하고 방황하며 지내는 것을 볼 때 참으로 안타깝고 저에게 맡겨진 사명에 대해 더욱더 큰 책임감을 느끼게 됩니다. 코칭은 하나님의 사람들을 세우고 영혼을 살리는 축복의 도구입니다. 무엇보다 중요한 것은 하나님의 말씀에 바로 서 있을 때 코칭도 빛을 더하게 된다는 점입니다.

이 책에서는 행복 코칭 20강의 방송 원고 내용을 크게 바꾸지 않고 원문 그대로 소개하였습니다. 책을 읽으면서 CTS 행복 코칭 인터넷 방송을 함께 보시면 개념을 훨씬 빨리 이해하실 수 있으리라 생각합니다.

행복 코칭이 책으로 나오기까지 많은 분들의 기도와 헌신이 있었습니다. 그분들에게 진심으로 감사드리고 싶습니다.

먼저 3년 전 CTS 방송 선교에 대한 말씀을 들려주시고 기도로 하나님의 인도하심을 미리 준비하게 하신 존경하는 감경철 사장님, 행복 코칭이 더 좋은 프로그램이 될 수 있도록 신경을 많이 써주신 배상석 전무님, 신용 국장님 20회 방송 동안 모든 상황을 총지휘하며 편안하게 호흡을 맞춰주신 류승우 PD님, 행복 코칭의 시작과 끝을 함께하며 세세한 것 하나까지 가장 많이 수고해주신 박선민 작가님에게 진심으로 감사드립니다.

코칭을 통해 하나님 나라를 확장하는 데 많은 도움을 주시고 행복 코칭을 TV로 방송할 수 있게 배려해주신 연세대학교 연합신학대학원 정석환 원장님, 방송에서 소개된 행복 코칭을 어려운 과정을 거쳐 귀한 책으로 엮어주신 자유로운상상 출판사에도 감사드립니다.

변함없는 사랑과 관심으로 하나님의 일을 잘 감당할 수 있도록 아낌없이 지원해주는 남편 김형준 원장과 사랑하는 딸 의성, 의진에게도 고마움을 전하며 기쁨을 함께 나누고 싶습니다.

끝으로 늘 함께하시며 저의 삶을 행복 코칭으로 인도해주시는 영원한 코치 예수님께 무한한 영광을 돌리며 감사드립니다. 또한 이 책을 읽으시는 모든 독자 여러분에게 항상 성령이 충만하시기를 진심으로 기도합니다.

CONTENTS

지은이의 말 ·· 004

들어가면서 ·· 010

CHAPTER 01 코칭이란? ·· 012

CHAPTER 02 크리스천 코칭이란? ·· 019

CHAPTER 03 경청 — 나는 잘 듣는가? ·· 028

CHAPTER 04 질문 — 나는 어떻게 질문하는가? ·· 039

CHAPTER 05 공감 — 함께 느끼기 ·· 049

CHAPTER 06 은유 — 암시적 상징 ·· 056

CHAPTER 07 용서 — 사랑의 실천 ·· 061

CHAPTER 08 인정 — 가치있는 칭찬 ·· 068

CHAPTER 09 순종 — 하나님을 기쁘시게 하는 마음 ·· 079

CHAPTER 10 섬김 — 청지기의 사명 ·· 092

CHAPTER 11 열정 – 내 마음속의 열정을 찾아라 ——————— 103

CHAPTER 12 용기 – 다시 시작하는 힘 ——————————— 116

CHAPTER 13 순수 – 순수하게 바라보라 ————————— 131

CHAPTER 14 배려 – 남을 생각하는 마음 ————————— 146

CHAPTER 15 이해 – 깨달음의 미학 ——————————— 159

CHAPTER 16 감사 – 고맙게 여기는 마음 ————————— 170

CHAPTER 17 기쁨 – 마음의 에너지 ——————————— 185

CHAPTER 18 자신감 – 성공의 재료 ——————————— 197

CHAPTER 19 비전 – 하나님이 주시는 꿈 ————————— 210

CHAPTER 20 믿음 – 소망의 끈 ————————————— 228

들어가면서

저는 그동안 학교 안에서 어린 학생들뿐만 아니라 수많은 사람들을 만나면서 코칭과 관련된 학문을 강의해왔습니다. 임상 코칭을 할 때마다 느끼는 것은 세상적으로 성공한 사람이든 하나님만을 섬기며 신앙생활을 정말 열심히 하는 사람이든 공통점이 있는데, 하나같이 마음속에 불안감을 가지고 있다는 것이었습니다. 미래에 대한 두려움, 걱정을 믿는 사람과 믿지 않는 사람들이 모두 가지고 있다는 것이었습니다.

저는 코칭을 할 때마다 왜 사람들이 믿는다고 하면서도 이렇게 늘 불안해하며 살아가는 것일까? 왜 크리스천들이 하나님을 믿는다고 하면서도 이렇게 하나님 안에서 염려와 걱정, 낙심을 그치지 못하는 것일까? 왜 세상의 빛과 소금이 되어야 할 그리스도인들이 우울하다며 스스로 목숨을 끊는 극단적인 행동을 하는 것일까? 정말 가슴 답답할 때가 무척 많았습니다.

그들을 위해 기도할 때면 하나님께서 제게 앞으로 해야 할 일이 있음을 알려주셨습니다. 코칭을 통해 하나님의 자녀들을 새롭게 깨우고 변화시켜야 한다는 말씀을 늘 기도 가운데 주셨습니다.

코칭은 여러분에게 매우 새로운 용어로 들릴지도 모르겠습니다. 우리나라에는 코칭이 1990년대 말 미국이나 일본에 비해 조금 늦게 들어와서 이제 전문가들 사이에서 비즈니스계와 학계를 중심으로 알려지기 시작했습니다.

최근 크리스천 코칭은 상담과 코칭 영역에서 새로운 학문의 개척 분야로 각광받고 있으며, 특히 크리스천 코칭은 "하나님의 자녀가 하나님의 목적, 비전을 성취할 수 있도록 도와주는 것"이기 때문에 앞으로 우리나라 교계에도 많은 적용이 필요하리라 예상합니다.

아무쪼록 이 책을 통해 우리의 완벽한 코치인 예수님과 동행하며, 주님이 우리에게 주신 소명을 깨달아 세상의 빛과 소금으로서 멋진 크리스천의 삶을 살아가기를 주님의 이름으로 축복합니다.

코칭이란?

　2002년 우리나라를 뜨겁게 만들었던 월드컵 열기를 여러분들은 다 기억하실 것입니다. 그때 우리나라가 월드컵 4강에 올라가리라고 처음부터 생각한 사람은 그리 많지 않았습니다. 그러나 4강 신화가 이루어졌고, 그 중심에 히딩크 감독이 있었습니다. 히딩크 감독은 축구장에서 선수들처럼 직접 뛰지는 않았지만, 선수들 한 사람 한 사람의 역량을 잘 파악해서 적재적소에 잘 배치해 선수들의 기량을 마음껏 뽐내도록 만들었습니다.
　선수들의 잠재력을 잘 살려서 최대의 성취를 할 수 있도록 도와주는 것이 코칭입니다. 일반적으로 코칭이란 사람들의 잠재력을 최대한 끄집어내서 일과 조직에서 최대의 성과를 내도록 도와주는 기술을 말합니다.

히딩크 감독에게 선수들을 보는 눈이 없었다면 우리나라의 4강 신화도 없었고, 박지성, 이영표와 같은 훌륭한 선수들이 나올 수도 없었을 것입니다. 앞으로 코칭에 대한 개념적 정의, 유래와 역사, 일반 코칭과 크리스천 코칭이 어떻게 다른지, 일상생활에서 쉽게 적용해볼 수 있는 코칭 스킬들에는 무엇이 있는지, 코칭이 오늘날 우리 크리스천들에게 왜 필요한지 등등 무궁무진하게 많은 정보들을 여러분들과 함께하게 될 것입니다.

크리스천 코칭은 하나님의 자녀가 하나님의 비전(하나님의 계획하심, 목적)을 성취할 수 있도록 도와주는 것을 말합니다.

일반적으로 코칭에서는 굉장히 중요한 두 가지 기술이 있는데, 바로 '경청'과 '질문'입니다. 상대방의 이야기를 잘 듣고 적절한 질문을 던지는 게 굉장히 중요한 코칭 기술입니다.

그럼 제가 지금 질문을 하나 드리겠습니다.

"나는 누구일까요?"

이 질문에 자신있게 "나는 하나님의 자녀입니다."라고 바로 대답이 나오시는 분이 있나요?

제가 이름을 물어본 것도 아니고 세상적인 직업, 직위를 물어본 것도 아닙니다. 아무개의 엄마를 물어본 것도 아닙니다. 하는 일을 물어본 것도 아닙니다.

우리는 자신이 누구인지 알면 함부로 세상을 살지 않습니다. 하나님은 분명히 성경 곳곳에서 우리가 누구인지를 말씀해주시고 있습니다.

"나는 택하신 족속이요, 왕 같은 제사장이요, 거룩한 나라요, 하나님의 소유된 백성이다." (「베드로전서」 2장 9~10절)

제가 굉장히 중요한 연구 결과 하나를 말씀드리겠습니다. 제가 대한민국에 태어나서 학생으로 자라나고 또 성인이 되어서 학생들을 가르치면서 늘 궁금한 게 한 가지 있었습니다.

한국 사람들은 어릴 때 신동, 천재, 영재 소리를 듣는데 커서는 왜 그 잠재 능력을 개발하지 못하고 대부분 평범한 보통 사람들이 되어 살아가는 것일까? 그렇게 교육에 많은 돈을 뿌리고도 왜 그것을 발전시키지 못할까?

저는 그것이 정말 궁금했습니다.

그래서 연구 논문을 하나 쓰기로 했습니다. 어릴 때 똑똑한 사람들이 커서는 보통 사람들이 되고, 머리는 좋은 아이들이 왜 공부를 못하는지 알아보기로 했습니다.

그 원인이 뭘까? 부모의 자녀 교육에 문제가 있어서? 학교 교육에 문제가 있어서? 아니면 국가에서 정책적으로 보조를 못해줘서? 아니면 아이 자신에게 문제가 있어서? 도대체 뭘까?

정말 그 원인이 궁금했습니다. 1965년부터 2002년까지 국내외 영재 관련 논문들을 찾아보았더니 그 답이 정말 재미있었습니다.

자신이 타고난 능력을 발휘하지 못하는 첫째 이유는 다름 아닌 자기 마음속의 '불안, 우울'이었습니다. 또 둘째 이유도 '낮은 자존감'이었습니다.

연구 결과를 통해 자기 능력을 성취하지 못하는 많은 원인들 가운데 가장 큰 원인이 다른 사람의 탓이 아닌 결국 자기 자신의 문제였다는 것을 알게 되면서 저는 새로운 고민을 하게 되었습니다.

아이를 키우는 두 아이의 엄마로서 내 아이들을, 또 내게 맡겨진 아이들을 어떻게 하면 자존감을 높이며 마음속의 불안에서 해방시켜줄 수 있을까?

아이들에게 상담 코칭을 하다 보면 늘 아이들이 마음속에서 다음과 같이 눈에 보이지 않는 불안에 떨고 있다는 것을 알게 됩니다.

"시험을 못 보면 어떡하지?"
"엄마에게 꾸중을 들으면 어떡하지?"
"친구들이 나랑 놀아주지 않으면 어떡하지?"
"선생님이 나를 야단치면 어떡하지?"

이를 통해 우리는 무엇을 생각해볼 수 있을까요?

하나님은 우리에게 아이들을 맡겨주셨습니다. 하나님의 자녀로서 많은 계획을 가지고 우리에게 아이를 양육할 수 있는 부모로서의 청지기 역할을 담당하게 했습니다. 그러나 오늘날 우리는 하나님의 방식대로 아이를 키우는 것이 아니라 세상의 기준에 맞추어 우리 아이들을 키우느라 갈팡질팡 어디로 가야 할지, 어떻게 키워야 할지 너무나 많은 걱정 속에 살아가고 있습니다.

앞에서 코칭이 무엇이라고 했습니까? "하나님의 비전, 목적을 성취할 수 있도록 도와주는 것"이라고 했습니다. 우리를 향한 하나님의 비전, 하나님의 목적이 무엇인지 생각해보셨는지요? 그냥 주일

날 목사님 설교 들으러 교회에 가지만, 설교 듣고 "아, 좋은 말씀이구나!" 감동해도 일상생활에서는 조금도 변화가 일어나지 않는 행동들을 우리는 늘 반복하며 살고 있습니다.

그러나 이제는 정말 변화되어야 할 때가 되었습니다. 크리스천들이 변화되어 세상의 소금과 빛의 역할을 잘 감당해야 하는데, 너무나 많은 교회 문제들이 우리의 마음을 우울하게 합니다.

자, 모두 오른손을 한번 들어보십시오. 오른손을 들고 손가락으로 코끝을 짚어보십시오.

목적! 목표! 우리를 향하신 하나님의 목적을 향해 나아가는 삶, 하나님의 목적을 성취할 수 있도록 도와주는 것 그것이 바로 코칭입니다. 코칭은 우리를 향하신 하나님의 목적을 성취할 수 있도록 사람들을 격려하며 도와야 하는 것을 말합니다.

이제 코를 보면 무엇을 생각한다고요? 바로 코칭입니다! 나를 향한 하나님의 목적이 무엇일까? 우리 아이들의 얼굴을 보면 아이의 코를 보고 생각해보십시오. 내 욕심대로 우리 아이들을 키울 게 아니라 "이 아이를 향한 하나님의 목적은 무엇인가?"를 고민하며 하나님께 기도로 구하면서 나아가야 합니다. 분명 하나님은 우리 아이들에게 기가 막힌 잠재 능력을 주셨고, 우리 어머니들이 하나님의 자녀들을 중보하며 말씀대로 잘 양육하기를 원하고 계십니다.

이제 어머니들은 우리 아이들의 훌륭한 코치가 되셔야 합니다. 우리 아이들이 운동장에서 뛰는 선수들처럼 이 세상에 나아가 마음껏 멋진 경기를 할 수 있도록 우리는 멋진 부모 코치들이 되어야 합니다.

크리스천 코칭이란?

　제가 코칭은 하나님의 자녀가 하나님의 목적을 성취할 수 있도록 도와주는 것, 바로 그것이 코칭이라고 소개했습니다. 그리고 또 하나 코칭에서는 '질문'이 굉장히 중요하다고 했습니다. 질문을 어떻게 하느냐에 따라 반응은 전혀 다르게 나타날 수 있습니다. 예를 들어 "기도할 때 담배를 펴도 되겠습니까?" 하고 질문하면 대부분의 사람들은 "안 된다"는 반응을 보입니다. 그러나 "담배 필 때 기도해도 됩니까?"라고 질문하면 조금 전과 동일한 질문인데도 대부분의 사람들은 "아 그럼요, 기도는 쉬지 않고 아무 때나 할 수 있지요. 담배를 끊게 기도해보세요."라고 긍정적인 대답을 한답니다.

제가 코칭을 하다 보면 코칭받는 분들이 한결같이 인간관계 문제들을 내놓습니다. 아무리 유능한 사람이라도 직장 안에서 인간관계가 불편하다면 실적도 나오지 않고 늘 스트레스를 받아 건강도 해치는 것을 보게 됩니다. 누군가에게 속 시원하게 문제들을 내놓고 얘기를 하고 싶은데 시간이 없어서, 또 여러 가지 상황으로 얘기할 마땅한 대상이 없습니다. 그러면 이때 우리는 누구에게 의뢰해야 할까요?

우리를 세상에서 가장 잘 아시는 분이 누구인가요?

우리의 체질을 아시고 우리의 모든 기질을 지으신 하나님이 우리 가까이에서 "나를 찾으라, 내게 오라", "너는 내게 부르짖으라 내가 네게 응답하겠고 네가 알지 못하는 크고 비밀한 일을 네게 보이리라"(「예레미야」 33장 3절)고 하셨습니다. 우리가 이 땅에서 살아가면서 우리의 인생을 인도하시는 분은 하나님이십니다. 그분은 우리가 어디로 나아가야 할지, 무엇을 해야 할지 가장 잘 아시는 분입니다. 그러나 우리는 구하지 않고 찾지 않아서 하나님의 음성을 듣지 못하고, 또 우리 영이 막혀 하나님의 뜻을 분간하지 못할 때가 많습니다.

코칭에서는 코칭받는 사람들을 '피코치' 또는 '코치이'라고 합니다. 또한 히딩크 감독처럼 선수들을 뛰게 하는 사람들을 '코치'라고 부릅니다. 코치와 피코치의 관계를 하나님과 우리의 관계로 생각해 봅시다. 하나님은 우리 인생 최고의 코치입니다. 늘 우리와 함께하시는 예수님은 완벽한 인생 코치입니다. 우리가 주에게 의뢰하면 예수님은 우리의 인생 방향을 누구보다 정확하게 하나님의 목적대로 인도해주십니다.

그러나 문제는 우리가 그 음성에 귀를 기울이지 않을 뿐만 아니라 관심조차 두지 않고 있다는 것입니다. 우리의 생각대로 걱정하고, 우리 아이들의 미래도 나의 배우자도 마음대로 판단해 버리고 사람들과의 관계 속에서 갈등을 빚습니다. 교회 안에서도 마찬가지입니다. 서로 동역해야 할 지체들이 연합하기는커녕 갈등과 상처들로 교회를 떠나는 사례가 많습니다.

이제 하나님은 말씀하십니다. 우리가 깨어 우리 자신들을 하나님께 내어드리고 그분께 초점을 맞추어야 한다고 말입니다. 우리의 완벽한 코치가 우리 옆에서 우리를 도와주시려고 기다리고 계시기 때문에 그분에게 의뢰하고 다가갈 수 있도록 마음을 바꿔야 할 때가 왔습니다.

지금 세상은 너무나 큰 혼돈 속에 있으며, 직장에서도 안정성이 보장되지 않고, 우리 아이들도 매일마다 바뀌는 교육 정책 속에 힘들어 하고 있습니다. 우리에게 절대 기준은 무엇입니까? 그것은 변치 않는 거룩한 진리, 오직 하나님의 말씀을 통해서 가능한 것입니다.

코칭에서 의사소통 기술로 가장 중요하게 여기는 것 중 하나가 코칭하는 사람과 받는 사람 사이의 '신뢰로운 관계'입니다. 신뢰로운 관계는 전문용어로 '라포Rapport'라고 하는데, 이것이 잘 형성되면 의사소통도 원만할 뿐만 아니라 서로의 믿음 속에 안정적인 관계를 바탕으로 코칭을 통해서 많은 유익을 얻을 수 있습니다.

사람들이 서로 갈등을 겪지 않고 진심이 잘 통하기 위해서는 대화할 때 서로 간에 지켜야 할 원칙들이 있지요. 서로를 험담하거나 비방하거나 시기, 질투를 하게 되면 상대방은 상처를 받고 마음문을 닫아 더 이상 아무런 관계의 형성이 일어나지 않습니다.

코칭에서는 말에 있어서도 의사소통을 잘하기 위한 여러 가지 기술들이 있습니다.

페이싱, 백트래킹 같은 전문용어들이 있지만, 이것을 쉽게 설명하면 "상대방이 말을 할 때 보조를 잘 맞추고 있는가?"입니다. 코칭에서는 의사소통을 할 때 사용하는 말의 실제 기능은 7%밖에 적용되지 않는다고 합니다. 진짜 중요한 말의 기능은 비언어적인 것들, 즉 우리의 음성(38%), 얼굴 표정, 긴장도, 목소리톤, 몸의 자세 같은 것들이 훨씬 더 중요한 의사소통 기능을 한다고 봅니다.

예를 들어 말로는 "좋아", "괜찮아"라고 하면서도 얼굴 표정에 섭섭함이 드러나 있다면 그 말은 별로 설득력이 없습니다. 이 책을 읽는 분들은 이제 사람의 말뿐만 아니라 다른 비언어적인 것들에도 조금씩 예리해지실 것이라고 생각합니다.

코칭은 상대방의 말뿐만 아니라 그 사람의 행동에도 많은 관심을 갖게 합니다. 하나님은 우리를 찾아오실 때 각자의 기질대로 매우 다양하게 오십니다. 응답을 주실 때도 어떤 사람은 목사님 설교를 들을 때, 또 어떤 사람은 성경을 읽을 때, 또 어떤 사람은 여러 가지 환경을 통해서, 또 어떤 사람은 하나님의 사람들을 통해서, 또 어떤 사람은 성령을 통해서 직접 방언, 통변으로 말씀하시기도 합니다.

하나님은 우리 마음속에서 때로는 세미한 음성을 통해 말씀하시기 때문에 우리는 영적으로 민감성을 가져야 합니다. 왜냐하면 그분은 우리들의 완전한 코치이시므로 우리가 나아가야 할 방향성에 대해 정확하게 제시해주시기 때문입니다.

인생살이가 너무나 고달프고 힘들기 때문에 우리는 때때로 하나님의 위로와 격려도 받아야 합니다. 하루라도 빨리 천국에 가고 싶은 마음이 들 때조차도 주님은 우리에게 "네 짐을 내게 맡겨라", "수고하고 무거운 짐 진 자들아 다 내게 오라"고 말씀하십니다. 예수님께 와서 다 쉬라고 하십니다. 우리는 하나님의 일을 한다고 분주하지만, 하나님께서는 하나님의 일은 하나님을 믿는 것이라고 하셨습니다.

코칭의 의사소통 기술 가운데 페이싱Pacing이라는 '속도 맞추기' 기술이 있습니다.

이것은 코칭받는 사람이 말하는 속도대로 보조를 맞추면서 따라가는 기술입니다. 상대방이 얘기를 할 때 나도 상대방의 말의 속도대로 맞추어가고 있는지 생각해보아야 합니다. 상대방이 기분이 좋아서 목소리톤이 좀 높다면 나도 그 기분에 맞추어 경쾌하게 맞장구쳐줄 수 있는 기술이 필요합니다. 상대방은 기뻐서 신나게 말하고 싶은데 내 감정이 우울하다고 목소리톤을 확 낮추어 얘기를 한다거나, 지금은 별로 얘기하고 싶지 않다는 표정으로 앉아 있으면 상대방은 얘기하고 싶은 생각이 싹 달아납니다.

자, 그러면 어떻게 상대방과 속도를 맞출까요?

여러분, 눈높이를 맞추라는 얘기를 들어보셨을 거예요. 맞습니다. 상대방의 눈높이뿐 아니라 상대방의 음성에도 조금만 귀를 기울여서 반응해주고 상대방의 감정까지 고려해 보조를 맞추어 나간다면 상대방은 이야기를 하면서도 자신의 이야기를 잘 들어주고 반응해주는 상대에게 큰 고마움을 느낄 것입니다.

코칭의 의사소통 기술이 여러 개 있는데, 효과적으로 사용할 수 있는 기술들을 차차 하나씩 소개해드리겠습니다. 일단 여기서는 페이싱이라는 속도 맞추기 하나만 배워도 대단히 활용하기가 좋을 것으로 생각합니다.

여기서 잠깐 우리가 생각해볼 것은 "과연 나는 하나님과 속도를 맞추고 있는가?" 하는 것입니다. 하나님보다 우리가 앞서 나가거나 혹은 너무 게을러서 하나님의 마음을 애타게 하고 기다리게 하고 있지는 않은지 생각해보아야 합니다.

하나님은 말씀의 하나님이십니다. 하나님은 우리에게 성경 말씀을 통해 인생의 지혜를 알도록 하셨습니다. 우리는 오감(보고, 듣고, 냄새 맡고, 맛보고, 느끼고)을 통해 모든 경험을 하게 됩니다. 우리가 느낄 때 기분좋은 상태이면 입에서 긍정적인 말들이 나옵니다. 또 우리의 기분 상태가 나쁘면 금세 우리 입에서 낙심되거나 상대방을 시험에 빠뜨릴 수 있는 상처 주는 말들이 거침없이 나옵니다.

Neuro Linguistic Programming(신경-언어 프로그래밍) 코칭에서는 우리의 말과 행동은 우리의 신경과 연결되어 있다고 합니다. 그냥 말로만 "상큼한 레몬차 한 잔을 마십니다." 또는 "맛있는 갈비가 지글지글 구워지고 있습니다."라고 했는데도 우리 입안에 침이 고이곤 합니다. 이것으로 말이 우리의 신경세포에 영향을 미친다는 것을 알 수 있습니다.

우리는 평소 어떤 말을 자주 합니까? 과연 하나님의 자녀로서 능력 있는 말들을 선포하고 있는지요?

하나님의 자녀로서 세상 사람들에게 본이 되는 삶을 살아가야 하는데 오히려 시험거리가 되게 하는 삶을 사는 것은 아닌지요? 섬겨야 할 대상이 섬김을 받는 대상이 되는 것은 아닌지 고민해보아야 합니다.

다시 한 번 코칭에 대해 언급하겠습니다. "크리스천의 코칭은 하나님의 자녀가 하나님의 목적, 비전을 성취할 수 있도록 도와주는 것"이라고 얘기했습니다. 우리가 우리에게 맡겨진 아이들을 부모로서 잘 코치하기 위해서는 우리의 코치이신 예수님께 의뢰를 해야 합니다.

여기에서 과연 우리 자신이 주님과 함께 속도를 맞추며 걸어가고 있는지 생각해보아야 합니다. 우리가 기도할 때 우리 자신이 변화되지만 우리의 자녀들도 변화됩니다. 우리 아이들을 어떻게 양육해야 할지 주님께서 지혜를 주십니다. 하나님은 살아 계셔서 늘 우리에게 그분을 나타내 보이기를 원하시는 분이기에 우리가 주님께 의뢰하면 놀라운 계획들을 나타내 보이십니다.

완전한 코치, 퍼펙트 예수님을 코치로 모셔 들이는 저와 여러분이 되길 기도합니다. 그럴 때 주님은 우리 인생 가운데 우리에게 주신 무한한 잠재 능력을 최대한 살려서 우리를 세상의 그 누구보다 귀하게 사용하실 것입니다.

저는 이 책을 통해 성령의 놀라운 능력으로 하나님께서 여러분 한 분 한 분을 만나주실 것을 믿습니다. 우리 각자에게 주신 소명이 무엇인지, 우리가 무엇을 놓고 기도해야 하는지, 그리고 하나님의 자녀로서, 이 땅의 부모로서, 또 교회의 지체들로서 어떻게 마지막 때를 위해 깨어 있어야 하는지 크리스천 코칭을 통해 함께 알아가기를 소망합니다.

경청
나는 잘 듣는가?

평소 아무리 말해도 제대로 듣지 않을 때 "소귀에 경 읽기"라는 말을 사용합니다. 아무리 좋은 말도 상대방이 듣지 않으면 아무 소용이 없습니다. 상대방의 말을 주의깊게 귀 기울여 열심히 듣는 것을 '경청'이라고 합니다. 경청을 잘하면 사람들과의 관계가 좋아집니다.

여러분은 평소 상대방의 이야기를 어떻게 듣고 있습니까? 하나님은 우리에게 하나님의 말씀을 들으라는 것을 성경 곳곳에서 보여주셨습니다.(「이사야」 6장 9절, 「시편」 34편 11절, 「신명기」 6장 4절 등) 말씀을 듣는 것은 단순하게 말을 듣는 것이 아니라 순종과 아울러 우리의 행동이 변화되는 것까지 포함하고 있습니다.

여러분은 평소 '나의 듣기 실력은 얼마나 될까?' 하고 생각해보신 적이 있나요? 다음 질문을 보면서 자신의 듣기 태도를 스스로 점검해봅시다.

01 나는 대화를 할 때 상대방보다 늘 말을 많이 하는 편이다.
02 나는 상대방의 이야기를 듣다가 무슨 이야기를 하는지 종종 내용을 놓치곤 한다.
03 나는 상대방이 이야기할 때 그의 몸 움직임에는 조금도 관심이 없다.
04 나는 상대방의 이야기를 잘 듣는 것처럼 보이지만 속으로 다른 생각을 할 때가 많다.
05 나는 상대방의 이야기가 끝나자마자 바로 내 생각을 이야기하는 편이다.
06 나는 상대방의 이야기가 끝나기도 전에 끼어들기를 자주 한다.
07 나는 상대방의 이야기가 길어지면 지루한 표정을 짓거나 빨리 끝내줬으면 하는 표정을 짓는다.
08 나는 상대방의 이야기 내용이 잘 이해되지 않으면 그냥 추측하

고 지나간다.

09 나는 상대방이 나의 관심 밖의 이야기를 하면 화제를 다른 쪽으로 돌린다.

10 나는 상대방이 자신의 개인적인 불만이나 어려운 이야기를 꺼내 놓으면 듣는 귀를 닫아 버린다.

자, 이 10개 문항 중 몇 개의 문항에 '그렇다'고 표시를 했나요?

위의 10개 문항 중에 2개 이하로 대답한 분은 평소 상대방의 이야기를 매우 잘 경청하는 분으로 상대방이 편안하게 자신의 마음을 열 수 있도록 배려하는 태도를 가지고 있습니다.

3~7개를 대답하신 분은 듣는 훈련을 조금 더 연마할 필요가 있습니다. 상대방의 이야기를 단순하게 듣는 데서 그치지 않고 주의를 가지고 진지하게 듣는 경청 단계까지 경험해보신다면 의사소통에 많은 도움이 될 것입니다.

10개 문항에서 8개 이상으로 답을 한 분은 평소 주변 사람들에게 "내 얘기 듣지 않고 딴생각 하고 있지?"라는 말을 가끔 들을 것입니다. 앞에서 상대방이 진지하게 얘길 해도 속으로 자꾸 다른 생각을 하거나 상대방의 이야기가 잘 들어오지 않는 경우가 많습니다. 이런 경우 정말 경청 훈련이 진지하게 필요한 분입니다.

자신이 평소에 상대방의 이야기를 잘 듣고 있다고 생각해도 실제로 내가 듣는 것은 상대방의 말뿐 말하는 사람의 의도나 심정을 헤아리며 듣는 게 상당히 부족할 수 있다는 것을 기억해야 합니다. 우리는 '듣는다'고 할 때 보통 사람의 말을 두 귀로 듣는 것만 생각합니다. 그러나 제대로 된 경청은 단순하게 듣는 게 아니라 몸으로 듣는 것까지도 말합니다. 다시 말하면, 상대방이 말할 때 두 귀로 듣는 것을 넘어서 입과 눈으로 말하는 것을 듣고, 말하는 것에 맞장구도 치며, 상대방이 말하는 것이 어떤 의미인지 확인시켜줄 때 제대로 들었다고 할 수 있습니다.

또 몸으로 듣기는 굳이 말로 하지 않아도 상대방의 눈을 보며 그 상대방의 마음까지 읽어가며 듣는 것을 말합니다. 그야말로 최고 수준의 경청이라고 할 수 있지요. 그러나 몸으로 듣기는 자칫 자기 혼자만의 판단으로 상대방의 뜻을 잘못 이해하는 경우가 있기 때문에 입으로 확인하는 것이 중요할 수도 있습니다.

누군가가 내 얘기를 잘 들어준다는 것은 참 기분좋은 일이 아닐 수 없습니다. 내 말이 상대방에게 진지하게 들리게 되면 자신감도 생기고, 막혀 있는 감정도 풀리게 되는 경우가 있습니다. 잘 들어주는 상대방으로 인해 인정받는 느낌이 듭니다.

우리는 기도할 때 기도가 응답되면 "하나님이 내 기도를 들어주셨다"고 말합니다. 그런데 이때 중요한 것은 우리가 원하는 것을 하나님께 요청하는 것과 하나님이 우리에게 바라는 게 무엇인지 하나님께 묻는 것은 전혀 별개인데도 우리는 나타난 결과만을 가지고 하나님이 기도에 응답하셨다 안 하셨다를 판단한다는 것입니다. 하나님은 성경에서 우리에게 하나님의 말씀을 들으라고 하셨고, 「시편」 기자는 "하나님이 내게 귀를 기울이셨으므로 평생 기도한다"고 했습니다.

만약 우리가 기도해도 하나님이 듣지 않는다고 상상을 해보면 어떤 일들이 생겨날까요? 생각만 해도 두렵습니다. 하나님과 소통하지 않고 크리스천으로 살아간다는 것은 신앙인으로서 죽은 신앙이나 다름없습니다.

하나님은 우리에게 하나님의 음성을 듣는 여러 가지 방법을 알려 주셨습니다. 성경을 통해서, 목사님의 말씀을 통해서, 믿음이 좋은 사람들을 통해서, 때로는 영적 은사들을 통해서 여러 가지 방법으로 하나님의 뜻을 우리에게 나타내 보이십니다. 그러나 우리는 듣는 귀가 약해서 하나님의 뜻을 분별하고 말씀에 순종하며 살아간다는 게 너무 어렵다는 것을 잘 압니다.

누군가가 잔 다르크에게 이렇게 물었다고 합니다.

"왜 하나님은 당신에게만 말씀하십니까?"

그러자 그녀는 이렇게 대답했다고 합니다.

"무슨 말씀이세요? 하나님은 누구에게나 말씀하신답니다. 다만 저만 듣는다는 게 문제지요."

하나님의 음성을 들으려면 마음을 가라앉히고 귀를 기울여야 합니다. 정말 그분을 내 안에 주인으로 모셔들이는 마음이 없다면 세상 욕심에 이끌려 살아갈 수밖에 없습니다.

우리에게 맡겨진 아이들도 하나님의 관점이 아닌 세상 관점으로 키우다 보면 늘 불안하고 초조하고 다른 아이들에게 뒤질세라 이 학원 저 학원에 맡기게 됩니다.

우리가 아이들을 키우면서 가장 명심해야 할 첫 번째 덕목은 "아이들의 말을 잘 들어주는 것"입니다. 흔히 우리는 우리 자녀들에게

"부모 말을 잘 들으면 자다가도 떡을 얻어먹는다."거나 "부모 말을 잘 들어야 훌륭한 사람이 된다."는 말을 곧잘 합니다. 물론 다 옳은 말이라고 생각합니다.

그러나 우리 아이들에게 부모 말을 잘 들으라고 강요하는 것만이 능사는 아니지요. 요즘은 부모 자녀 사이에 의사소통이 단절된 경우가 많습니다. 가정 내에서도 아이들과 대화할 만한 소재가 별로 없다고 합니다. 각자 자기 방에 들어가서 자기 일에 몰두할 뿐 가족 구성원이 자신의 이야기를 속 시원히 꺼내놓기 어렵습니다. 이야기를 하고 싶어도 들어줄 가족이 별로 없습니다. 부모는 늘 바쁘고 애길 하면 핀잔을 듣기 십상인 것입니다.

우리는 여기서 굉장히 중요한 것을 놓치고 있습니다. 아이들의 말만 잘 들어주어도 아이들은 절대 부모를 거부하거나 밖에 나가 문제가 될 행동을 하지 않습니다.

아이가 이야기를 할 때 부모가 이야기에 집중하고 있다는 것을 아이가 느낄 수 있도록 눈을 마주치고, 고개를 끄덕이고, "아하 그렇구나!" 등의 적극적 표현 방식을 보이면 아이들은 더욱 신이 나서 자기 얘기를 부모에게 들려주려고 합니다.

아이의 이야기에 적극적으로 행동을 표현하며 주의를 집중하여 듣는 자세를 '적극적 경청'이라고 합니다. 또한 이야기를 들을 때 온몸으로 상대방의 감정과 상황을 이해하고 공감하면서 듣는 것을 '공감적 경청'이라고 합니다.

아이들이 어느 순간부터 부모 말을 잘 듣지 않고, 매사에 반항심만 나타내고, 무슨 말을 해도 먹히지 않는다면 아이들을 책망하기 전에 '그동안 내가 얼마나 우리 아이의 말에 귀 기울여왔는가?'를 생각해보아야 합니다.

아이들이 아무런 이유 없이 어느 날 갑자기 반항심을 표출하는 것은 아닙니다. 끊임없이 부모에게 여러 가지 통로를 통해서 자기가 표현하고 싶은 말들을 때로는 무언의 몸동작으로 나타내왔을 것입니다. 한쪽에서 아무리 의사소통을 간구해도 그냥 흘려버린다면 절대로 상호 소통은 일어나지 않습니다. 그야말로 대화는 한쪽 방향으로만 흐르는 것이 아니라 서로 간의 쌍방향 의사소통이 일어나야 합니다.

앞에서 의사소통 가운데 말이 차지하는 비중은 7%이고 나머지 93%는 보디랭귀지 55%, 목소리톤 38%에 의해 결정된다는 말을 한 바 있습니다. 상대방의 이야기를 들을 때 상대방의 감정에 내가 어떻게 반응하느냐에 따라 의사소통의 질이 결정됩니다.

내가 상대방의 이야기를 들을 때 충분히 수용하고 있다는 표정이나 몸짓을 보이는 것, 공감하는 말, 부드러운 음성 이런 것들은 경청의 중요한 기본 자세입니다. 상대방을 배려하고 이해하려는 태도는 경청에서 출발하게 되지요.

이제 마지막으로 효과적으로 듣기 위한 방법들을 다시 한 번 요약해서 정리해볼까요?

첫째 다른 사람에게 할 수 있는 가장 큰 경의의 표시는 정성을 다해 상대방에게 집중하는 것입니다. 효과적인 듣기에는 다른 어떤 것도 필요가 없습니다. 집중. 굉장히 중요한 것이지요. 상대방이 얘기를 하는데 계속 일을 하면서 듣는 것은 상대방을 무시하는 태도로밖에는 인식되지 않습니다.

둘째 시선을 꼭 맞추자는 것입니다.

셋째 다 들은 후에 대답하자는 것입니다. "무슨 말씀을 하시는지 알겠어요." 하며 상대방의 말을 절대로 섣불리 판단하여 말하지 마세요.

"아니, 제 얘기를 끝까지 들어보시고 말씀해주시지요."

이런 말이 나오면 이미 상대방이 나의 듣는 태도에 불만이 있다는 것을 알 수 있습니다. 상대방이 어떻게 말을 끝맺을지, 어떤 감정을 갖고 있는지, 이야기가 어디로 흐를지 넘겨짚지 말아야 합니다. 끼어들고 싶은 욕망을 눌러야 합니다.

넷째 상대방의 감정의 원인을 미리 짐작하지 말아야 한다는 것입니다.

"화가 난 것처럼 들리는데 무엇 때문에 그래?"
"저 말인가요? 화 안 났는데요. 왜 제가 화가 났다고 생각하지요?"
"글쎄, 그거야 뭐 계속 볼멘소리고 굳은 표정을 하고 앉아 있으니까 그렇지."
"나 참! 저는 이 사항에 대해 진지하게 생각하고 있었을 뿐 화가 나지는 않았는데, 지금은 정말 화가 나네요."

이 대화에서 알 수 있듯이 상대방의 이야기를 잘 듣고 적절하게 반응하는 것은 대화의 기본 에티켓이라고 할 수 있습니다.
이제 상대방이 이야기하는 것을 잘 받아들이고 들은 것을 진지하게 생각하고 반영해준다면 우리 모두 훌륭한 경청자가 될 수 있습니다.

하나님이 우리에게 말씀하시는 것을 잘 듣고 또 우리 주변에 있는 사람들의 소리를 잘만 들어주어도 우리 사회가 대단히 행복하고 밝은 사회로 변화하리라고 생각합니다.

말씀 묵상

여호와께서는 자기에게 간구하는 모든 자 곧 진실하게 간구하는 모든 자에게 가까이 하시는도다 그는 자기를 경외하는 자의 소원을 이루시며 또 그들의 부르짖음을 들으사 구원하시리로다

「시편」 145편 18~19절

여호와께서 내 음성과 내 간구를 들으시므로 내가 그를 사랑하는도다 그의 귀를 내게 기울이셨으므로 내가 평생에 기도하리로다

「시편」 116편 1~2절

질문
나는 어떻게 질문하는가?

우리나라 어머니들은 아이가 학교에서 돌아오면 대부분 이렇게 묻습니다.

"그래, 학교에서 재미있었니? 오늘은 선생님한테 무엇을 배웠니?"

그런데 이스라엘 어머니는 절대로 그렇게 묻지 않는다고 합니다.

"그래, 오늘은 선생님한테 무엇을 질문했니?"

이렇게 묻는다는 것입니다. 유태인들은 자녀 양육에서 아이들이 선생님에게 어떤 질문을 했는지에 역점을 두고 있다는 것이 놀랍습니다.

부모 코칭은 "아이들의 재능을 찾아주는 것"입니다. 특히 크리스천 부모 코칭의 역할은 "우리 아이들을 향한 하나님의 계획이 무엇인지 그 목적이 달성되도록 도와주는 것"입니다.

우리가 묻는 질문에는 많은 장점들이 있지만, 그중 세 가지 장점을 들어보겠습니다.

첫째 질문에서는 상대방의 생각을 읽을 수 있습니다.

둘째 질문을 하면 상대방의 마음을 열게 됩니다.

셋째 질문을 하면 새로운 정보를 얻게 됩니다.

그런데 질문을 할 때 질문자의 태도도 상당히 중요하다고 생각합니다. 상대방에게 불쾌감을 주는 질문이나 지극히 개인적인 질문, 대답하기 애매한 질문을 예상하고 물어보는 것은 좋지 않습니다. 예를 들어 학생들이 질문을 할 때 질문의 유형을 나누어보면 크게 네 가지로 분류할 수 있습니다.

첫째 궁금형 질문으로 정말 공부 내용을 몰라 궁금해서 물어보는 모름형 질문입니다. 이 경우에는 상대방에게 진지하게 궁금한 것을 알려주고 싶은 마음이 듭니다.

둘째 확인형 질문으로 이미 질문자 자신이 알고 있는 내용이지만 더 자세하게 알고 싶어서 확인하는 경우의 질문입니다.

셋째 과시형 질문으로 자기가 알고 있는 내용을 상대방에게 과시하고자 일부러 질문하는 경우입니다. 이런 경우 질문을 받으면 기분이 별로 좋지 않지요.

넷째 의도형 질문으로 질문을 받은 사람의 입장에서 상당히 기분이 좋지 않은 질문을 말합니다. 질문자가 어떤 불순한 의도를 가지고 상대방을 골탕먹이려고 질문하는 경우지요. 이런 경우 말도 안 되는 걸 가지고 우기거나 회의 분위기를 완전히 망쳐 버리는 일이 종종 발생합니다.

코칭에서는 질문이 코칭 기술의 핵심이라고 생각하면 됩니다. 어떻게 질문하느냐에 따라 전혀 다른 반응들이 나오기 때문에 말하는 사람이 어떤 질문을 통해 대화를 이끌어 나가느냐는 매우 중요합니다. 코칭 대화에는 여러 종류의 질문이 있지만, 주로 상대방에 대한 발견이 목적입니다.

코칭에서는 권할 만한 좋은 질문과 피해야 할 질문을 나누어 소개하고 있습니다. 좋은 질문이란 상대방에게 가장 도움이 되는 질문을 말합니다. 좀더 구체적으로 좋은 질문에 대해 말하자면 다음과 같은 특성을 지닙니다.

- 간결하다 : 분명하고, 직접적이고, 상대방이 쉽게 이해한다.
- 투명하다 : 숨겨진 의도가 없다, 상대방이 질문받은 내용을 정확하게 이해한다.
- 비판적이지 않다 : 상대방을 비판하거나 난처하게 하려고 하지 않는다.
- 의식적이다 : 무슨 질문을 하든 관심의 초점은 상대방에게 이익이 되는 것이다.
- 방향성을 가진다 : 상대방이 계속 생각하게 만든다.
- 현재 지향적이다 : 상대방이 지금, 여기를 지키게 한다.

성경에 보면 선악과를 따 먹은 후 숨어 있는 아담에게 하나님이 "아담아! 네가 어디 있느냐?" 하고 최초의 질문을 합니다. 그가 어디에 있는지 이미 다 알고 계시지만, 이 간결한 질문은 아담에게 숨어 있는 장소만을 대답하게 한 것이 아니라, "내가 동산에서 하나님의 소리를 듣고 내가 벗었으므로 두려워하여 숨었나이다." 라며 '두렵다'는 심리적 불안을 이야기하게 하고 있습니다.

이상의 예에서도 알 수 있듯이 우리가 질문을 할 때는 이미 질문하는 사람 안에 답이나 결과가 있다고 하더라도 상대방이 대답하기 전에 말해서는 안 된다는 점을 기억해야 합니다. 다시 말해 코칭에서는 코칭받는 사람, 일반 대화에서는 상대방이 진실을 쥐고 있다는 점을 상기해야 합니다. 그리고 상대방의 답을 인정해주는 태도가 중요합니다.

코칭에서 질문은 상대방이 명확하게 질문의 의도를 알 수 있도록 간결하게 묻는 것이 중요합니다. 짧게 말해도 상대방이 내게 무엇을 묻는지가 파악되면 상대방은 질문이 요구하는 정확한 대답을 합니다.

상대방이 얘기하는 것을 내가 미리 판단하고 단정짓지 말고 적극적인 경청을 토대로 상대방의 느낌을 묻고 상황을 묻는 질문, 또 상대방에 대해 발견할 수 있는 질문, 목표를 설정하고 해결 방안을 찾는 질문, 동기를 부여하는 질문, 행동하게 하는 질문의 종류는 매우 다양합니다. 질문하는 사람이 비판적인 자세를 보이지 않고 수용하는 자세를 보인다면 질문을 통해 상대방과 많은 것들을 나눌 수 있게 됩니다. 상대방의 생각이나 가치관, 상대방이 왜 그렇게 행동했는지에 대한 이해, 즉 발견 질문의 효과를 톡톡히 보는 것이지요.

그런데 우리가 질문을 할 때 주의할 점이 있습니다. 질문을 단순하게 묻는 기법이라고 생각한다면 상대방에게 불쾌감을 주는 실수를 할 수 있습니다. 예를 들면 질문이 다음과 같이 심문이나 힐난이 되면 안 되지요.

"여보, 왜 허구한 날 늦게 들어와요?"
"아니, 이렇게밖에 할 수 없어요?"
"날마다 잔소리 좀 그만해요. 입 안 아파요?"

이처럼 질문이 아니라 심문하는 것 같은 행동은 상대방에 대한 추궁으로 관계 개선에 조금도 도움이 안 됩니다.

정말 좋은 질문을 하기 위해서는 잘 경청하고 그다음에 질문을 해야 합니다. 상대방이 무슨 얘기를 했는지 핵심을 파악하지 않으면 좋은 질문이 나올 수 없습니다. 상대방은 목소리를 높여가며 "나 좀 알아주세요. 지금 당신의 위로가 필요해요."라는 표정으로 많은 말들을 쏟아내는데, 기껏 반응을 해준다는 것이 상대방의 의중과는 전혀 상관없이 "그래서 어떻다는 말이지요?"라는 표정으로 앉아 있으면 얘기하는 사람은 금세 실망을 느끼거나 대화의 문을 닫아 버리게 됩니다. 또 본인의 얘기와 전혀 상관없는 질문을 받게 되면 마음속으로 "어휴, 내가 저런 사람에게 무슨 말을 하고 있담. 시간이 아깝다. 흥!" 하게 된다는 것이지요.

우리가 질문을 던지면서 기억해야 할 것은 상대방이 찾은 답이 내가 기대하지 않는 답일 수도 있다는 것입니다. 내가 원하는 답이 아니라 상대방이 찾은 답이 옳은 답이라는 점을 인정해줄 때 더 진지한 질문을 던질 수 있게 됩니다.

또 질문이 좋다고 해서 시도 때도 없이 질문을 던져선 안 되겠지요. 적절한 타이밍이 중요합니다. 상대방이 질문을 들을 준비가 되어 있을 때 좋은 답도 기대할 수 있습니다.

한편, 힘을 살려서 좋은 질문을 하기 위해서는 중립적 언어Netural Language를 사용해야 합니다. 중립적 언어란 상대방의 의도를 섣불리 해석하거나 판단하여 충고하거나 비난이나 비판을 하지 않고 상대방의 경험과 상황을 고려하여 스스로 문제를 해결할 수 있도록 돕는 언어입니다. 코치는 자신의 생각이나 주장을 내려놓아야 합니다.

좋은 질문과 피해야 할 질문은 코칭을 받는 사람에 따라 전혀 다른 느낌으로 다가올 수 있지만, 대체적으로 공통된 견해를 보이는 것들을 소개하면 다음과 같습니다.

01 닫힌 질문 / 열린 질문

'예 / 아니요' 식의 답을 유도해내는 닫힌 질문보다는 상대방에게 많은 답을 이끌어내는 열린 질문이 적합하다.

예 : 맞고 틀린 답이 없다는 것을 기억 – 틀린 답으로 인식된 것이 숨겨진 진실일 경우도 있음.

02 부정적 질문 / 긍정적 질문

질문을 던질 때 '안 되나요?', '아닌가요?' 등의 부정적 질문은 답변하는 사람에게 자칫 부정적 시각을 줄 수 있으므로 주의해야 한다.

예 : 물컵의 반, 안 되나요 / 되나요 – 할 수 없다 하면 변명이 생각나고 할 수 있다 하면 방법이 생각남.

03 추궁 질문 / 발견 질문

'왜?' 질문은 추궁이나 힐난의 질문이 되기 쉽기 때문에 코칭에서는 '어떻게?'의 질문을 주로 권유한다. 단, '왜'의 질문이 미래의 비전과 관련되어 사용될 경우는 예외이다.

지금까지 질문과 관련된 이야기들을 해보았습니다. 모든 질문은 '무엇'과 '누구' 사이의 어딘가에서 응답을 이끌어낸다는 것을 기억해주시기 바랍니다. 정보만을 이끌어내는 질문을 할 때는 '무엇'에 초점을 맞추게 되고, 상대방에게 자기 성찰을 하게 하고 내면을 들여다보게 하는 질문은 '누가'에 초점을 맞추게 됩니다.

우리가 사람에 초점을 맞추든 일에 초점을 맞추든 중요한 것은 질문을 통해 하나님의 형상을 닮은 우리가 힘을 얻고 하나님의 자녀로서의 참된 나를 발견하여 하나님을 기쁘시게 하는 존재로 이 땅에서 살아가는 일입니다.

말씀 묵상

스바 여왕이 솔로몬의 명성을 듣고 와서 어려운 질문으로 솔로몬을 시험하고자 하여 예루살렘에 이르니 매우 많은 시종들을 거느리고 향품과 많은 금과 보석을 낙타에 실었더라 그가 솔로몬에게 나아와 자기 마음에 있는 것을 다 말하매

「역대하」9장 1절

여호와여 내가 주와 변론할 때에는 주께서 의로우시니이다 그러나 내가 주께 질문하옵나니 악한 자의 길이 형통하며 반역한 자가 다 평안함은 무슨 까닭이니이까

「예레미야」12장 1절

만일 병자에게 행한 착한 일에 대하여 이 사람이 어떻게 구원을 받았느냐고 오늘 우리에게 질문한다면

「사도행전」4장 9절

공감
함께 느끼기

우리는 슬픈 드라마를 보면 나와 상관이 없는 일임에도 어느새 드라마 주인공의 상황과 감정을 공감하고 자신도 그런 감정을 느끼는 경험들을 곧잘 하게 됩니다. 꼭 드라마나 영화 속 얘기가 아니더라도 내 이웃이나 가족 혹은 친구들에게 어떤 일이 일어나면 마치 내가 당한 것처럼 때로 흥분되기도 하고 기쁘기도 합니다.

흔히 공감은 다른 사람의 의견이나 감정에 대하여 자기도 그렇다고 느끼는 느낌이나 기분을 말합니다. 공감은 적절하게 표현하면 사람 사이의 벽을 허물고 친밀감을 느끼게 하며, 조직 속에서는 완전한 일체감을 맛보게 하는 중요한 감정 표현 중 하나입니다.

하나님은 우리의 체질을 알고 계시고 우리의 기분을 누구보다 잘 이해해주십니다. 하나님은 우리가 복중에서 태어나기도 전에 우리의 형질을 이미 알고 계신 분이시기에 우리의 기분이나 감정, 우리의 처지를 누구보다도 잘 이해해주십니다. 하나님은 우리를 위로해주시는 보혜사 성령님을 보내셔서 우리와 함께하도록 하셨습니다. 우리가 하나님께 무엇을 기도해야 할지 몰라 애를 태울 때조차도 성령이 말할 수 없는 탄식으로 우리를 위해 친히 간구하신다는 말씀에서도 우리의 처지를 하나님이 누구보다 잘 공감하고 이해해주시는 분임을 알 수 있습니다.

코칭에서 공감은 코칭받는 사람들과의 친밀한 관계 형성을 위해 매우 중요한 기술 중 하나입니다. 설사 코칭받는 사람이 자신과 다른 의견을 말하고 생각을 말한다고 할지라도 그 다른 점을 이해하고 공감하려는 태도는 상대방의 마음의 문을 열고 닫는 데 굉장히 중요한 역할을 합니다.

코칭에서 페이싱Pacing이라는 기술이 있습니다. 말 그대로 상대방과 속도를 맞추는 기법이지요. 상대방과 눈높이를 맞추는 것뿐만 아니라 목소리톤이나 감정까지 맞출 수 있는 자세가 바로 공감의 자세입니다. 상대방이 느끼는 감정들을 함께 나누고 어려운 일이 있을 땐 도와줄 수 있는 방법들을 함께 고민해보고 그들을 위해 기도해주는 것들이 모두 공감을 실천하는 것이라고 볼 수 있지요.

제가 코칭을 하면서 코칭받는 사람이 상당히 어려운 문제를 내놓아도 때때로 문제 해결의 실마리가 매우 간단하게 풀리는 것을 볼 때가 있습니다. 조직 안에서 자신을 이해하고 공감해주는 사람이 있으면 독한 마음을 좀더 여유있게 갖거나 관계 개선을 위해 본인이 양보하고자 하는 마음을 갖게 되는 것을 봅니다.

"그러고 보니 그 사람의 입장도 참 안됐어요. 저도 처음엔 화가 나서 어디 한번 해볼 테면 해봐라 이런 마음으로 괘씸하게 생각했는데, 그 사람 처지를 생각해보니 충분히 이해가 되네요. 오죽 살기 힘들면 저렇게 나오나 싶어 이제는 저도 잘 대해주어야겠어요."

여러분은 최근 주변 사람들에게서 자신의 형편과 처지에 대해 충분히 공감받았다고 느낀 적이 있으신지요? 혹은 그 누군가에게 정말 공감받았다는 기분이 들도록 행동한 적이 있으신지요?

'저 사람은 내 말에 참 잘 공감해.' 하고 생각되는 사람이 있습니까? 그런 사람이 주변에 있다면 참 행복하지요. 그런데 공감을 잘하는 사람들을 자세히 보면 공통점이 있어요. 즉, 마음이 참 따뜻하고 배려심도 남다르고, 늘 자기 입장보다는 타인의 입장에서 마음을 쓰는 분들이 공감을 잘합니다. 그리고 내가 무심코 행동하는 것에 대해서도 관심을 가져주고, 때로는 나도 모르는 나의 장점들을 발견해서 칭찬을 해주기도 합니다.

공감을 잘하기 위해 코칭에서는 캘리브레이션Calibration이라는 기술을 자주 활용합니다. 코칭에서는 93%의 비언어적 신호가 의사소통의 많은 부분을 차지하고 있다고 하였습니다. 이것은 굳이 말로 표현하지 않아도 상대방의 내면 상태를 파악해내는 데 도움이 됩니다. 예를 들면 얼굴색의 변화나 호흡 정도, 음성의 높낮이, 근육의 긴장도 등 사람이 내적으로 경험하는 것들이 얼굴에 그대로 드러나게 되는데, 이것을 전문 용어로 빔어(Behavioral Manifestation of Internal Representation : 내적 경험의 행동적 표상)라고 합니다.

예를 들어 상대방의 이야기를 듣고 있다가 슬픈 이야기가 나오면 공감을 하게 되는데, 이때 상대방의 표정이나 자세 등을 보고 감지를 합니다. 때로는 아무 말도 필요없고 침묵이 큰 의사소통의 도구로 사용되지요.

예수님은 우는 자와 함께 울라고 하셨습니다. 슬픈 마음이 있는 사람들은 얼굴 표정이 밝지 않지요. 마음이 불안한 사람은 얼굴색이 어둡고 또 말할 때 입술 크기가 달라지고 몸동작에도 변화가 나타나지요. 눈동자가 왔다 갔다 하며 불안해하기도 하고 말을 끊기도 합니다. 이런 것들을 잘 관찰해서 상대방의 상태를 잘 파악하는 것을 캘리브레이션이라고 합니다.

캘리브레이션을 우리말로 '관찰 식별'이라는 전문용어로 사용하기도 하는데, 이것은 그야말로 상대방의 상태를 주의 깊게 찾아내어 관계를 보다 신뢰롭고 친밀하게 하는 데 도움을 주는 것이지요. 공감은 캘리브레이션을 통해 잘 이루어질 수 있습니다. 상대방의 얼굴 표정을 보고 잘 관찰하여 기분 상태를 맞추어 공감해주면 매우 솔직한 대화를 나눌 수 있지요.

공감을 해줄 때 상대방과 보조를 맞추는 것이 참 중요한데, 설사 내가 기분좋은 일이 있다고 해도 상대방이 슬픈 감정 상태라면 거기에 목소리라도 어느 정도 맞춰줄 수 있는 태도가 공감의 태도입니다. 상대방의 음성이 가라앉아 있을 때 내가 들뜬 목소리로 대화를 요구하면 상대방은 전혀 공감대를 형성할 수 없어요.

"그래, 저 사람은 행복하구나. 나랑은 다른 사람이지 뭐."라며 혼자만 소외된 것 같고, 혼자만 외롭고 쓸쓸하지요. 아무리 노력해도 애인이 없어서 혼자 쓸쓸하게 주말을 보내야 하는데 친한 친구가 남자 친구 자랑을 자꾸 하면 마음이 무거워집니다.

일찍 남편을 여의고 정말 힘들게 노년 생활을 하고 있는데, 전화 걸어서 자식 자랑에 남편 자랑을 자꾸 하면 받아주는 것도 한두 번이지 마음이 무거워지는 것을 어쩔 수 없습니다.

공감해준다는 것은 내 이야기를 상대방에게 한다는 것이 아니라, 초점을 바꾸어 나보다 형편이 어려운 사람들의 이야기를 들어줄 때 진정한 공감의 의미가 있지 않을까 생각합니다.

주변에 내가 공감을 해준다면 가장 신나 할 사람이 누구인지요? 그 사람에게 다가가 나도 당신과 같은 생각을 하고 있노라고, 나도 당신이 느끼는 심정을 충분히 느끼고 있노라고 고백할 사람이 있는지요?

오늘은 공감을 실천해보는 하루가 되기를 진정으로 바랍니다.

말씀 묵상

모든 성경은 하나님의 감동으로 된 것으로 교훈과 책망과 바르게 함과 의

로 교육하기에 유익하니

「디모데후서」 3장 16절

그러므로 어리석은 자가 되지 말고 오직 주의 뜻이 무엇인가 이해하라

「에베소서」 5장 17절

이는 그들로 마음에 위안을 받고 사랑 안에서 연합하여 확실한 이해의 모든 풍성함과 하나님의 비밀인 그리스도를 깨닫게 하려 함이니

「골로새서」 2장 2절

은유
암시적 상징

우리가 『신약성경』을 읽다 보면 예수님이 참 많은 비유를 들어 하나님 나라와 복음을 전한 것을 알 수 있습니다. 예수님은 사물의 본뜻을 직접적으로 말씀하지 않으시고 표현하려는 대상을 암시적으로 나타내는 수사법인 은유법을 사용해 우리에게 복음을 전하셨습니다.

은유는 코칭에서 메타포Metaphor라고 하는데, 이것은 "사람의 감정이나 사건을 다른 상황으로 연결시켜 암시적으로 상징하는 이야기 표상"이라고 할 수 있습니다. 이것을 사용하는 목적은 이야기를 통해 교훈과 전달 메시지를 보다 쉽고 강력하게 전달하는 장점이 있기 때문입니다. 은유는 일반적인 이야기(스토리텔링) 형식으로서 직유, 비유, 풍자 등을 통해 교육적이고 교훈적인 내용을 담고 있습니다.

여성들이 결혼하기 전 연애를 할 때 남성들은 참 많은 은유를 사용했습니다. 예를 들면 "오, 그대는 한송이 장미", "그대는 매력적인 백합화", "정말 순수한 이슬 같아요" 등의 표현이 있죠. 문제는 결혼하고 나서는 "으이그, 이놈의 마누라."니 참 씁쓸합니다.

우리가 살아가면서 직적접인 말을 사용하게 되면 관계가 몹시 불편해지는 경우가 많습니다. 그런데 좀더 지혜롭게 은유를 사용해 빗대어 말하면 듣는 사람이 그 의미를 보다 신중하게 생각하기 때문에 은유는 상대방의 저항을 줄이고 큰 거부감 없이 이야기에 담겨져 있는 의미를 잘 전달할 수 있습니다.

은유는 복잡한 개념을 보다 실체적인 개념으로, 두려운 일을 보다 친근한 일로 만드는 힘이 있습니다. 사람마다 사물을 보는 방식과 하는 일이 다름에도 불구하고 은유는 서로 다른 사람들과 부서들 간에 공유되는 비전을 만들 수 있습니다. 은유는 우리의 머리와 가슴에 연결되어 마음속의 이미지를 만들어냅니다.

예수님은 4복음서를 통해 온통 비유로 하나님 나라를 전했습니다. 직접적인 화법으로 천국을 소개하거나 자신을 소개하기보다는 여러 가지 비유를 통해 듣는 사람으로 하여금 부담이 없도록 했습니다.

일례로 "나는 포도나무요 너희는 가지니 저가 내 안에 내가 저 안에 있으면 그 사람은 과실을 많이 맺나니 나를 떠나서는 아무것도 할 수 없느니라" 하면서 예수님 자신을 포도나무에 비유했어요. 우리를 가지로 표현했고요.

관계 설정에서 확실한 이미지를 마음속에 그려볼 수 있도록 은유를 통해 만들어주신 것이지요. 은유 속에 말하고자 하는 핵심이 다 들어가 있어요. 나는 포도나무인데 저희는 가지라, 가지가 포도나무에 접붙여 있지 않으면 아무것도 할 수 없다는 것입니다. 정말 가지가 나무를 떠나 있으면 말라 죽을 수밖에 없고, 과실을 맺기는커녕 존재 이유가 없지요.

또 예수님이 자신을 생명의 떡, 세상의 빛, 선한 목자 등 비유적으로 소개한 내용들은 신약 곳곳에서 소개되고 있습니다. 예수님은 마지막에 죽은 지 사흘 만에 부활하셔서 베드로에게 나타나 "내 양을 먹이라"고 권하셨습니다. 하나님의 자녀들을 양으로 비유하셔서 제자들에게 사명을 주신 것이지요.

코칭에서 은유는 듣는 사람의 마음과 쉽게 연결될 수 있을 때 큰 효과를 발휘한다고 알려져 있습니다. 은유적으로 표현할 때는 전체적 목적이나 특징을 확인하고 그것을 개념과 연결시켜야 합니다. 예를 들면 "좁은 문으로 들어가기를 힘쓰라"는 말에는 회개하고 악으로부터 돌이키라는 의미가 포함되어 있습니다. 또 겨자씨 비유와 누룩 비유는 하나님 나라의 과정을 비유하고 있지요. 그리고 보면 예수님은 『신약성경』 전체에서 비유를 통해 하나님 나라를 선포하고 계시다고 볼 수 있습니다.

우리 주변에 직접적으로 말하기는 어렵고 은유를 조금 사용해서 얘기하고 싶은 사람이 있다면 누구인가요? 그 사람에게 적합한 은유를 사용하려면 어떤 말이 좋을까를 생각해보시면 어떨까요?

이왕이면 상대방을 기분좋게 하는 은유가 좋겠지만, 상대방이 내 얘기를 듣고 기분 나쁘지 않게 받아들일 수 있는 재치 있는 은유라면 더 좋겠습니다.

그런데 아직 섭섭한 감정이 남아 있는 사람이라면 여기서 잠깐 주의를 해야 합니다. 나는 은유를 사용해서 상대방을 일깨워준다고 시도를 했지만, 상대방은 '말을 비비 꼬아서 기분 나쁘게 한다.'고 생각할 수도 있기 때문입니다.

그래서 이왕이면 상대방을 인정하고 칭찬할 수 있는 은유를 한 가지씩 발견해서 상대방에게 들려준다면 더없이 좋을 것 같습니다. 아내들이 남편들에게 이런 기분좋은 은유를 하나 사용해보면 어떨까요?

"당신은 든든하고 변함없는 큰 바위 같아요."

말씀 묵상

그러므로 내가 그들에게 비유로 말하는 것은 그들이 보아도 보지 못하며 들어도 듣지 못하며 깨닫지 못함이니라

「마태복음」 13장 13절

예수께서 그들 앞에 또 비유를 들어 이르시되 천국은 좋은 씨를 제 밭에 뿌린 사람과 같으니

「마태복음」 13장 24절

또 비유로 말씀하시되 맹인이 맹인을 인도할 수 있느냐 둘이 다 구덩이에 빠지지 아니하겠느냐

「누가복음」 6장 39절

용서
사랑의 실천

『서번트 리더십』의 저자 제임스 C. 헌터는 "사람은 자기가 사랑하는 만큼 용서한다."는 말을 하였습니다. 용서란 "잘못을 하더라도 책망을 하지 않는 것"을 말합니다. 지은 죄나 잘못한 일에 대하여 꾸짖거나 벌하지 않고 '덮어준다'는 개념의 용서는 인생을 사는 우리에게 때때로 많은 시험을 주기도 합니다.

 나에게 해를 끼친, 모욕을 준 그 사람을 어떻게 용서한단 말입니까? 우리는 도저히 용서할 수 없을 것 같은 사람과 얼굴을 맞대고 살기도 하고, 마음속에 갖은 원망을 품고도 감정을 숨긴 채 살아가기도 합니다. 정신과 의사들은 마음속의 원망이 건강한 인격을 파괴

한다고들 말합니다. 분명 나의 몸을 해치며 해로움을 가져온다는 것을 알면서도 우리는 용서하는 게 쉽지가 않습니다.

그런데 하나님은 「마가복음」 6장 14~15절에서 우리에게 명령하셨어요.

> 너희가 사람의 잘못을 용서하면 너희 하늘 아버지께서도 너희 잘못을 용서하시려니와 너희가 사람의 잘못을 용서하지 아니하면 너희 아버지께서도 너희 잘못을 용서하지 아니하시리라

참 실천하기 어려운 말이죠. 그래서 우리는 주님이 가르쳐주신 「주기도문」에서도 우리가 우리에게 죄지은 자를 용서한 것같이 우리의 죄를 용서해달라고 날마다 간구하는지도 모르겠습니다.

1 관점 바꾸기 Reframing

코칭에서는 용서와 관련되어 사용해볼 수 있는 여러 가지 기술이

있습니다. 상대방이 잘못을 했는데도 원망하지 않고 그것을 긍정적으로 푸는 데는 인간의 한계가 있기 때문에 여러 가지 기술을 적용해서 관점 바꾸기Reframing를 합니다.

관점 바꾸기는 코칭에서 자주 사용되는 기술인데, "지각하고 있는 경험이나 사실을 보다 적극적인 관점에서 다른 의미를 부여하여 새롭게 바라보는 것"을 말합니다. 즉, 다른 각도에서 사건을 새롭게 바라보는 것입니다.

크리스천 코칭에서는 육의 시각을 영의 시각으로 관점을 바꿔야 참된 용서가 된다는 것이지요. 다시 말하면 우리의 세상적 시각에서 벗어나 하나님의 시각으로 사건을 새롭게 바라봐야 진정한 의미에서 용서가 이루어질 수 있다는 말이 됩니다.

눈에 쓰고 있는 안경의 색깔을 바꿔 끼면 세상이 달리 보이는 경험을 우리는 곧잘 합니다. 하나님의 시각으로 영적 민감성을 지닌 안경을 쓰면 상대방을 바라보는 눈이 달라지기 시작합니다. 눈이 달라지면 상대방의 치사한 행동도 보다 넓은 마음으로 품을 수 있게 됩니다. 상대방을 용서하기 힘들었던 마음이 시각을 달리하면 자신도 놀라울 정도로 점차 변화되는 것을 느낄 수 있습니다.

2 스위시 Swish

관점 바꾸기 기술 중에서 보다 실제적으로 적용해볼 수 있는 코칭 기술 하나를 소개하면 스위시 Swish라는 기술이 있습니다. 스위시는 "자기 행동 중에서 그만두고 싶거나 바람직하지 않다고 생각되는 행동이나 체험을 교체하는 방법"입니다. 이것을 교체하는 방법에는 시각적인 방법과 청각적인 방법이 있는데, 시각은 그림을 활용한 것으로 비주얼 스위시 Visual Swish라고 하고, 청각은 음성을 활용한 것으로 오디토리 스위시 Auditory Swish라고 합니다.

비주얼 스위시는 불쾌한 장면의 그림은 자기 눈에 가까이에 두고, 반대로 바람직한 상태의 그림은 멀리 두고 그 그림들을 서로 바꾸는 것입니다. 그 순서는 두 장면의 그림을 가까이, 멀리 두고 입으로 '휙' 소리를 내어 바꾸거나 손뼉을 쳐서 바꾸어보는 것입니다. 바람직한 상태의 그림이 눈앞에 들어오도록 이미지를 바꾸었으면 조용히 눈을 뜨고 기분을 전환시킵니다.

오디토리 스위시는 먼저 불쾌한 목소리나 소리가 들려오는 것을 마치 스피커의 전원 스위치를 끄듯이 꺼 버리고 바람직한 목소리를 이미지화하는 것입니다.

이 책을 읽는 독자들은 코칭 기술 훈련이 아직 몸에 익숙지 않기 때문에 그림을 확 바꾸고 목소리를 이미지화하는 게 어려울 수도 있습니다. 그러나 좋은 이미지와 좋은 그림들, 좋은 말씀들을 자꾸 머릿속에 상기해내는 연습을 자주 하면 좀더 쉽게 감정 상태가 좋은 쪽으로 변화되는 것을 느낄 수 있습니다.

3 내면적 대화 Internal Dialogue

우리가 사람을 미워하고 용서하지 못하면 마음의 여유가 없어집니다. 그러다 보면 사람을 비난하고, 짜증이 많아지고, 타산적이고, 때로는 유치하리만큼 속이 좁아집니다.

그러나 우리는 여기서 잠깐 우리의 자아를 멈추고 죄인을 위해 십자가에 못 박혀 돌아가신 예수님을 생각해보아야 합니다. 예수님이 우리에게 "원수를 사랑하라"고 하셨는데, 우리는 조금만 내 마음에 들지 않으면 '나와 맞지 않는 사람'이라고 쉽게 단정해 버리고 벽을 만듭니다. 주님이 기뻐하시지 않는 행동들이지요.

우리는 내적 대화를 통해서 우리 마음을 차분히 가라앉히고, 주님이 우리 죄를 대신해서 십자가에 돌아가신 용서의 은혜를 통해 나에게 해를 끼친 그 사람을 용서해야 합니다.

코칭에서는 본인 스스로 자기 자신에게 말하는 일종의 자기 독백을 내면적 대화Internal Dialogue라는 전문용어로 사용하는데, 주님을 믿는 우리는 이 내면적 대화를 통해서 내 안의 문제들을 발견하고 해결되지 않는 문제들을 하나씩 주님께 맡겨보는 지혜가 필요합니다.

이 장에서는 용서에 대해 세 가지 코칭 기술을 함께 살펴보았습니다. **첫째** 우리에게 잘못한 사람을 관점을 바꾸어 새롭게 바라보고, **둘째** 생각하기 싫은 기억을 좋은 그림으로 바꿔 보고, **셋째** 내적인 대화를 통해서 나의 문제를 발견하고 용서가 안 되는 사람을 주님께 맡겨보는 훈련을 통해 우리는 성숙한 신앙인의 모습으로 나아간다고 믿습니다.

주의 형제가 죄를 범하면 몇 번이나 용서를 해야 하느냐, 일곱 번까지 용서해야 하느냐라는 베드로의 질문에 주님은 일곱 번뿐 아니라 일곱 번씩 일흔 번이라도 용서하라고 말씀하셨습니다.[1]

크리스천들에게 용서는 십자가의 은혜를 기초로 세워집니다. 주님의 은혜를 사모하며 하루하루 진정한 용서를 할 수 있는 사람만이 은혜로운 삶을 살아갈 것입니다.

말씀 묵상

여호와 우리 하나님이여 주께서는 그들에게 응답하셨고 그들의 행한 대로 갚기는 하셨으나 그들을 용서하신 하나님이시니이다

「시편」 99편 8절

노하기를 더디 하는 것이 사람의 슬기요 허물을 용서하는 것이 자기의 영광이니라

「잠언」 19장 11절

서서 기도할 때에 아무에게나 혐의가 있거든 용서하라 그리하여야 하늘에 계신 너희 아버지께서도 너희 허물을 사하여 주시리라 하시니라

「마가복음」 11장 25절

---

1) 그때에 베드로가 나아와 이르되 주여 형제가 내게 죄를 범하면 몇 번이나 용서하여 주리이까 일곱 번까지 하오리이까 예수께서 이르시되 네게 이르노니 일곱 번뿐 아니라 일곱 번을 일흔 번까지라도 할지니라 ―「마태복음」 18장 21~22절

인정
가치있는 칭찬

아이를 키워본 엄마라면 다들 아실 겁니다. 믿어주고 칭찬할 때와 야단치며 못 믿을 때 아이의 반응이 백팔십도 바뀐다는 사실을요.

이건 남편도 마찬가지입니다. 적절한 칭찬 한마디는 남편을 슈퍼맨으로 바꿀 수 있습니다. 이 장에서는 칭찬의 마법, 바로 인정하는 한마디에 관한 코칭으로 시작해보겠습니다.

사람이 살면서 가장 기분좋은 때는 언제일까요?

누군가에게 칭찬을 듣거나 자기가 한 행동에 대해 인정을 받을 때가 아닌가 생각합니다. 「**시편**」 1편 6절 말씀에 보면 "무릇 의인들의 길은 여호와께서 인정하시나 악인들의 길은 망하리로다"라는 말씀이 있습니다. 여호와께 인정받는 의인들의 길은 어떤 길일까요? 크리스천이라면 늘 하나님께 인정받는 삶에 대해 생각해보아야 할 것입니다.

프로 운동선수들은 경기를 할 때 관중들의 지지와 인정이 경기 능력을 매우 향상시켜준다고들 합니다. 그래서 팬들은 경기가 끝날 때까지 기다리지 못하고 좋은 플레이가 나오면 그 즉시 축하해줍니다. 좋은 플레이를 할 때마다 응원하고, 성적이 부진하면 힘내라고 응원하고, 그러다가 승리하면 열광하고 축하의 메시지도 보냅니다.

우리가 어떤 사람을 인정한다Acknowledge는 것은 "그 사람의 행동을 올바르게 평가해주는 것"입니다. 또한 인정은 "다른 사람의 가치를 올바르게 평가해주는 것"을 말하는데, 코칭에서 인정하기는 코칭받는 사람, 즉 피코치가 이미 알고 있는 것을 상기시켜줌으로써 그가 최고의 능력을 발휘하도록 하는 과정입니다.

인정을 받으면 신이 나서 더 잘하려 하고 더욱 최선을 다하는 모습을 보이게 마련입니다. 더욱이 우리의 행동에 대해 하나님에게 인정받는다고 생각해보면 우리는 크리스천으로서 행복을 느끼지 않을 수 없습니다. 그러면 우리는 하나님에게 인정받기 위해 삶 속에서 어떻게 실천해야 할까요?

물론 하나님에게 인정받기 위해서는 하나님과의 관계의 끈을 놓지 않고 늘 하나님이 인도하시는 삶을 기도하며 순종해 나가야 할 것입니다. 그러나 우리는 어떻게 행동하는 것이 하나님에게 인정받는 것인지 잘 모를 때가 있습니다. 또 하나님의 사람들을 어떻게 인정해주고 세워줘야 할지도 잘 모릅니다.

코칭에서 인정하는 방법에는 몇 가지가 있는데, 여기에서는 모두 네 가지를 다루어보겠습니다.

1 지지하기 | Supporting

코칭에서 인정의 기술 가운데 가장 중요한 것은 '지지하기'입니다. 사람과의 관계 속에서 지지하기는 "상대방에게 힘을 실어주고 무한한 에너지를 충전시켜주는 역할"을 합니다. 코칭받는 모든 사람들에게는 지지가 필요합니다.

아이들이 공부할 때도 부모의 지지가 받쳐주면 신이 나서 공부를 합니다. 아이들은 부모의 간섭보다 부모의 지지에서 인정받는다고 느끼기 때문에 코칭에서는 코칭받는 사람이 숙달되도록 지원하고, 신뢰하고, 인정하는 것을 더없이 중요하게 다룹니다.

지지는 저절로 생기지 않습니다. 노력이 필요합니다. 아무리 지지를 잘한다고 해도 평소 신뢰 관계가 없거나 입에 발린 칭찬처럼 들리는 지지를 한다면 그것은 오히려 관계를 악화시킬 뿐입니다.

앞에서 크리스천 코칭은 하나님의 자녀가 하나님의 비전을 성취할 수 있도록 격려하며 돕는 것이라고 말했습니다. 하나님의 자녀를 코칭받는 사람이라고 할 때, 그들이 자신의 비전을 성취하고 목표를 달성해 나가기 위해서는 많은 격려와 지지가 절대적으로 필요합니다. 크리스천의 지지는 말 한마디부터 다르게 표현해야 합니다.

- 나는 당신을 믿습니다. 하나님께서 당신에게 놀라운 계획을 갖고 계심을 믿고 최선을 다하십시오. 당신은 틀림없이 하나님의 뜻을 이루실 존귀한 사람입니다.
- 하나님께서 당신에게 이 상황을 충분히 헤쳐 나갈 수 있는 지혜를 주실 것입니다. 함께 기도하겠습니다.
- 잘했어. 나는 당신이 반드시 잘해낼 줄 알았어. 축하해!

이와 같이 지지는 상대방이 자신의 강점과 욕구를 인식하고 믿어주고 있다는 것을 알게 하는 것입니다. 상대방이 나를 믿어주고 지지해주니 인정의 욕구가 충족되는 것입니다. 인정의 욕구가 충족되면 사람은 놀라운 능력을 발휘하게 됩니다. 이처럼 잠재 능력을 마음껏 발휘하게 되면 셀프 코칭이 가능하게 됩니다.

얼마 전 한 선생님을 만났습니다. 그분은 자기보다 나이 어린 제자가 하는 일을 본인의 일보다 더 열심히 도와주는 선생님이었습니다. 제가 그 이유를 물었더니 제자가 자기를 믿고 따라주기에 매우 기특하고 고마워서 더 도와주고 싶다고 하셨습니다.

하나님도 「신명기」 말씀[2]에서 우리에게 "여호와를 네 하나님으로 인정하라"고 하셨습니다. 그리고 우리를 "하나님의 보배로운 백성으로 인정하신다"고 하셨습니다. 하나님께 인정받는 우리는 무엇이든지 할 수 있습니다. 그 힘을 우리에게 이미 주셨기 때문입니다.

---

[2] 네가 오늘 여호와를 네 하나님으로 인정하고 또 그 도를 행하고 그의 규례와 명령과 법도를 지키며 그의 소리를 들으라 여호와께서도 네게 말씀하신 대로 오늘 너를 그의 보배로운 백성이 되게 하시고 그의 모든 명령을 지키라 확언하셨느니라 — 「신명기」 26장 17~18절

다음은 인정받기 위한 두 번째 인정 기술로 강점 초점 맞추기에 대해 알아보겠습니다.

2 강점 초점 맞추기 Strength Focusing

사람은 누구나 강점과 약점을 가지고 있습니다. 코칭에서 강점 초점 맞추기 Strength Focusing는 "코칭받는 사람의 강점에 초점을 맞추고 잘할 수 있는 것, 잘해온 것, 자신있는 것을 찾아 이를 더욱 강화시켜주는 것"을 말합니다. 강점을 더 강화시키면 약점도 보완하게 된다는 논리를 따르고 있습니다.

우리가 상대방의 강점을 알아준다는 것은 그를 인정해준다는 말입니다. 강점은 주의 깊은 경청을 통해 확인하고, 친분이 있는 관계라면 평소의 관심과 관찰을 통해 쉽게 발견할 수 있습니다. 때로 우리가 발견한 강점을 본인도 모르는 경우가 있기 때문에 강점의 발견은 대단히 흥미있는 일입니다.

그런데 아무리 주의를 기울여도 강점의 발견이 이루어지지 않는다면 코칭 질문을 통해 강점을 찾아줄 수 있을 것입니다. 예를 들면 다음과 같은 질문입니다.

• 당신이 생각하는 강점은 무엇입니까?
• 당신은 무엇을 할 때 가장 신이 납니까?
• 당신이 특별하게 가장 잘할 수 있는 것은 무엇입니까?
• 사람들이 당신에게 가장 칭찬 하는 부분은 어떤 점입니까?
• 사람들은 당신이 무엇을 잘한다고 생각합니까?

인정을 통해 행복을 얻기 위해서는 강점에 초점을 맞추고 그것을 지지해주어야 합니다.

크리스천 코칭에서는 하나님이 우리에게 주신 강점이 무엇인지를 발견하는 것이 중요합니다. 하나님의 자녀가 하나님께 어떤 달란트를 받았는지, 어떤 강점을 개발해 나가야 하는지 스스로 인식하게 만드는 것이 코칭의 핵심입니다.

하나님의 자녀들에게서 하나님이 주신 강점과 자원들을 발견하고 하나님의 영광을 위해 그들이 쓰임받도록 어떻게 도울 것인지 고민해야 합니다.

하나님의 자녀가 자신의 강점을 알고 있으면 비전과 사명을 발견하기도 쉽습니다. 내가 갖지 않은 것에 집착하기보다는 이미 가진 것을 어떻게 하면 더 성장, 발전시킬 수 있을까를 고민하는 동안 나를 지으신 하나님의 지혜를 발견할 수 있습니다. 우리는 하나님이 우리 자신에게 주신 강점에 초점을 맞추고 현재 가지고 있는 강점들을 살려 하나님의 영광의 도구로 쓰임받도록 성장해 나가야 할 것입니다.

3 비전 도와주기 | Helping out the Vision

다음은 비전 도와주기입니다. 비전 도와주기 Helping out the Vision는 "코칭받는 사람을 위해 할 수 있는 대표적인 인정하기 행동으로 피코치가 강력한 비전을 접하도록 도와주는 것"입니다. 하나님의 비전을 품는다는 것은 크리스천들의 필수 요소입니다. 하나님의 일을 한다고, 하나님의 뜻대로 산다고 하면서 하나님이 우리에게 이 땅에서 주신 비전을 발견하지 못한다면 우리는 우리 생각대로 살다가 의미 없는 삶을 마감할 수 있습니다.

우리는 하나님의 자녀들과의 대화에서 서로 경청하며 상대방을 향한 비전을 발견해주어야 합니다. 비전 도와주기는 나 혼자 힘으로 되는 것이 아니라 영적으로 민감한 성도들이 서로 합력하여 선을 이룰 때 더 빛이 납니다. 비전 도와주기는 인정의 중요한 부분이 됩니다. 상대방의 비전을 도와주기 위해 다음과 같은 코칭 질문을 던져볼 수 있습니다.

- 현재 당신의 비전은 무엇입니까?
- 당신에게 하나님이 주신 비전을 갖기 위해 어떤 도움이 필요합니까?

4 축하하기 Congratulating

코칭에서 축하하기 Congratulating는 "사람들에게 동기를 부여하여 더 큰 목표를 향해 나아가도록 하는 코칭 기술로 피코치에게 일어나는 일을 함께 즐거워하고 기뻐해주는 것"을 말합니다. 우리는 일상에서 축하를 받으면 정말 기분이 좋아집니다. 축하를 통해 내가 인정받는다고 확실하게 느끼게 되지요.

요즘 사람들은 너무 바빠서 주변에서 일어나는 크고 작은 축하할 일들을 많이 잊어버리고 삽니다. 간혹 축하할 일이 생겨도 잘 챙겨주지 못해 상대방에게 섭섭함을 전하기도 합니다.

축하하기는 다음의 이익을 가져옵니다.

01 기쁨이 일어난다.
02 스트레스가 줄어든다.
03 사람들이 더 큰 목표를 향해 나아갈 수 있는 동기를 부여한다.
04 상대방을 기분좋게 만들어준다.
05 관계 강화의 기회를 만든다.
06 사람들에게 소중한 사람임을 인식하게 한다.
07 주변이 밝아진다.

축하하기의 방법에는 상대방의 입장에서 상대방이 좋아하는 것을 선물하거나 축하 일정을 잡는 것이 포함됩니다.

물이 바다를 덮음같이 여호와의 영광을 인정하는 것이 세상에 가득하기를 소망합니다.

말씀 묵상

네가 오늘 여호와를 네 하나님으로 인정하고 또 그 도를 행하고 그의 규례와 명령과 법도를 지키며 그의 소리를 들으라

「신명기」 26장 17절

무릇 의인들의 길은 여호와께서 인정하시나 악인들의 길은 망하리로다

「시편」 1장 6절

옳다 인정함을 받는 자는 자기를 칭찬하는 자가 아니요 오직 주께서 칭찬하시는 자니라

「고린도후서」 10장 18절

순종
하나님을 기쁘시게 하는 마음

우리는 인생을 살면서 누군가가 나의 말을 순순히 따라주면 마음속으로 고마움을 느끼고 신뢰를 하게 됩니다. 순종은 상대방을 순순히 믿고 따른다는 의미를 포함하고 있는데, 만약 우리가 부모의 입장이라면 우리 자녀들이 부모의 말을 잘 따를 때 부모로서 보람을 느끼게 됩니다. 하나님도 자녀 된 우리가 하나님의 말씀에 순종하고 귀를 기울인다면 우리를 더 귀하게 보실 것입니다.

누군가에게 순종한다는 것은 신뢰 관계가 형성되었을 때 비로소 가능합니다. 코칭에서 신뢰 관계 맺기는 라포Rapport라고 했는데, 신뢰로운 관계가 형성되지 않았을 때 순종을 강요하면 불순종과 분노

감만 키우게 됩니다. 하나님을 믿는 우리에게 신앙 안에서의 순종은 하나님에 대한 절대적 신뢰를 바탕으로 이루어지기 때문에 '믿음의 결단'이 필요합니다.

우리가 신뢰로운 좋은 관계를 맺기 위해서 순종해야 할 대상은 누구인가요?

코칭에서는 크게 세 가지 영역에서 순종의 대상을 다룹니다. **첫째** 영성 코칭에서는 하나님에 대한 순종을 다루고, **둘째** 부모 코칭에서는 부모님에 대한 순종을 다루고, **셋째** 부부 코칭에서는 남편에 대한 순종을 다룹니다.

1 순종의 영역

1) 영성 코칭—하나님께 순종

우리가 신앙생활을 하면서 하나님의 뜻이 무엇인지 분별하는 것도 쉽지 않지만, 하나님의 뜻을 알았더라도 그 뜻대로 순종한다는 것은 더 어렵다는 것을 실감할 때가 많습니다. 왜냐하면 하나님의 뜻에 순종하기 위해서는 나의 생각뿐만 아니라 세상적인 욕심들을 내려놓아야만 하니까요. 하나님의 뜻을 구하지 않고 나의 의지와 나의 생각만으로 세상을 살아가는 사람들은 순종이 필요없다고 느낄 수도 있습니다.

그러나 하나님은 성경 곳곳에서 순종에 대한 교훈을 우리에게 말씀해주셨습니다. 아담과 하와의 불순종으로 죄가 들어왔고, 아브라함은 순종으로 말미암아 이삭을 통해 자녀의 축복을 받았습니다. 마리아의 순종으로 예수님의 탄생이 가능했고, 바울의 순종으로 전 세계의 복음 전도가 가능했습니다.

지금 이 시간 하나님은 우리에게 무엇을 순종하라 명하실까요? 「창세기」 12장 1절에 보면 하나님은 아브라함에게 "너는 너의 본토 친척 아비 집을 떠나 내가 네게 지시할 땅으로 가라"고 명령하셨습니다. 그러자 아브라함은 이 말씀을 듣고 바로 여호와의 말씀을 따랐습니다.(「창세기」 12장 4절) 아브라함은 하나님의 말씀에 즉각 순종하긴 했지만, 하나님의 말씀을 좇아 옮겨간 땅의 기근이 심하여 자기 아내를 누이라 속이고 바로 왕 앞에서 수모를 겪습니다. 그러나 하나님은 바로 왕에게 재앙을 내리시고 결국에는 아브라함과 사라를 축복의 길로 인도하셨습니다.

물론 그들이 축복을 받기까지는 오랜 연단의 시간이 필요했습니다. 아브라함은 나이 100세에 얻은 아들 이삭을 재단 위에 바치라는 명령에도 하나님께 순종하였습니다. 하나님을 경외하며 하나님의 말씀에 순종하는 아브라함에게 하나님은 "또 네 씨로 말미암아 천하 만민이 복을 받으리니 이는 네가 나의 말을 준행하였음이니라…"(「창세기」 22장 18절) 라고 하셨습니다.

우리는 아브라함의 순종과는 반대인 사울의 불순종을 통해 또 하나의 교훈을 얻습니다. 하나님은 사울 왕에게 원수 아말렉의 모든 소유를 남기지 말고 다 진멸하라고 하셨는데, 사울은 양과 소 가운데 가장 좋은 것, 기름진 것과 어린 양 좋은 것을 모두 남기고 진멸키를 즐겨 아니하고 가치 없고 낮은 것만 골라 진멸하였습니다.

하나님은 사울을 왕으로 세운 것을 후회하셨습니다. 선지자 사무엘이 사울 왕에게 와서 "왜 다 죽이지 않았는가?"라고 말할 때 사울은 하나님께 드리려 했다고 변명합니다. 그때 사무엘은 "하나님께서는 제사보다 순종을 더 낫게 보신다."고 말합니다.

순종은 『구약성경』뿐만 아니라 『신약성경』에서도 자주 나옵니다. 「요한복음」 3장 36절에 보면 "아들을 믿는 자에게는 영생이 있고 아들에게 순종하지 아니하는 자는 영생을 보지 못하고 도리어 하나님의 진노가 그 위에 머물러 있느니라"고 하였습니다.

하나님을 믿는 우리가 하나님의 아들 예수 그리스도께 순종해야 함을 말해주는 구절임을 알 수 있습니다. 누구든지 예수 그리스도로 말미암지 않고는 하나님 아버지께 갈 자가 없습니다. 예수님의 순종은 죄인 된 우리가 의인이 되는 놀라운 신분 변화를 가져왔습니다.(**「로마서」 5장 19절**)[3]

우리의 구원자 되신 예수 그리스도, 그분을 위해 우리가 순종해야 할 것에는 무엇이 있을까요?

2) 부모 코칭─부모님께 순종

한편, 부모 코칭 영역에서 순종과 관계된 말씀을 보면, **「골로새서」 3장 20절**에 "자녀들아 모든 일에 부모에게 순종하라 이는 주 안에서 기쁘게 하는 것이니라"고 하였습니다.

결혼한 딸들이 흔히 하는 실수가 있습니다. 친구나 시댁 어른들을 우아하게 만나고 와서는 짜증은 친정어머니한테 낸다는 것이지요. 마음은 그게 아닌데도 어머니가 뭐라고 하면 "아유, 그냥 제가 알

---

[3] 한 사람이 순종하지 아니함으로 많은 사람이 죄인 된 것 같이 한 사람이 순종하심으로 많은 사람이 의인이 되리라 ─「로마서」 5장 19절

아서 할게요." 하는 소리가 절로 나옵니다. 마음은 안 그런데, 어머니가 편하다 보니 하나 둘 자기 마음대로 하다가 이제는 정말로 버릇이 되고 마는 것이지요.

어릴 때는 그렇게 순종적인 아이였는데, 머리가 커질수록 자신의 지식을 믿고 순종은 멀어져갑니다. 이것은 결혼한 딸들만의 예는 아닙니다. 늘 함께 있을 것만 같았던 부모님이 돌아가신 후 자식들의 후회는 하나같습니다.

"조금만 더 잘할걸."

"조금만 더 순종할걸."

순종이 제사보다 낫다는 사실을 명심하시기 바랍니다.

3) 부부 코칭 ― 남편에게 순종

부부 코칭 영역에서 보면 "아내들아 이와 같이 자기 남편에게 순종하라"(「베드로전서」 3장 1절), 또 "아내들이여 자기 남편에게 복종하기를 주께 하듯 하라"(「에베소서」 5장 22절)고 하였습니다.

부부에 관한 우리나라의 통계를 보면 참 재미있습니다.

52%의 한국인은 다시 태어나도 지금 배우자와 결혼하겠다고 말합니다. 25%의 기혼 여성은 남편을 위해 보약을 준비하고, 31%의 한국인은 가정의 화목이 개인의 행복을 결정한다고 믿습니다.

그런데 재미있는 것은 이와 정반대의 또 다른 통계입니다.

8.5%의 한국인이 배우자를 죽이고 싶은 충동을 느낀 적이 있다고 고백합니다. 50%의 한국인은 가족이 물에 빠졌을 때 부모와 자녀를 구하고 배우자는 가장 나중에 구하겠다고 말합니다.

어떻게 생각하세요? 만약 아내가 남편에게 순종하고 남편은 아내를 자기 몸처럼 사랑했다면, 만약 정말 그랬다면 이런 통계가 나올까요?

2 순종의 방법

순종을 잘하려면 어떻게 해야 할까요?

상대방의 말을 잘 따르려면 먼저 상대방과 대화가 잘 통해야 합니다. 코칭에서 상대방과 대화가 잘 통하는 '코칭 대화 모델'이 여러 가지가 있는데, 그중에서도 가장 쉬운 대화 모델 하나를 소개하겠습니다. GRROW 코칭 대화 모델입니다.

GRROW 코칭 대화 모델은 5단계로 이루어져 있는데, **첫 번째 단계**는 '코칭 목표 정하기Goal'입니다. 이것은 코치와 코칭받는 피코치가 함께 무슨 대화를 나눌 것인지 주제를 정하는 것입니다. 우리의 코치는 누구지요? 바로 예수님이십니다. 그럼 우리가 예수님과 대화를 통해 코칭 목표를 정하려면 어떻게 해야 할까요? 기도를 해야 합니다.

우리는 기도 가운데 우리의 코치 되신 예수님께 우리의 걱정거리, 기도 제목 등을 모두 내놓고 정말 주님께 기도가 응답받기를 원하는 목표 한 가지를 정합니다.

기도 생활을 하면서 기도 제목을 정할 때 우리는 흔히 혼자 기도 제목을 정하고 응답받기를 기도합니다. 그런데 우리가 보다 더 성숙한 믿음 생활을 하기 위해서는 중요한 기도 제목을 정할 때 혼자 정하는 게 아니라 주님과 함께 정하는 태도가 필요합니다.

"과연 주님이 내게 원하시는 기도는 무엇인가?"
"주님은 어떤 기도 제목을 놓고 나와 대화하시기를 원하시는가?"

우리는 이것을 알기 위해 끊임없이 성령 충만과 말씀의 은혜를 사모해야 합니다.

코칭 대화 모델 **두 번째 단계**는 '현실 파악하기Reality'입니다. 이 단계에서는 코칭 주제와 관련된 현실적 요소들을 구체적으로 파악합니다. 내가 세운 목표와 현실 사이에 얼마나 차이가 있는지 알아봐야 합니다. 예를 들어 내가 3년 이내에 평수가 큰 아파트를 장만하겠다, 혹은 내년에 유학을 가겠다 등 어떤 목표를 세웠다면, 이것이 현실적인 내 상황과 얼마만큼 차이가 나는지를 인식해야 합니다.

그러나 만약 기도 가운데 주님이 내게 어떤 원대한 비전을 주시고 벅찬 감동을 느끼는 꿈을 주셨다면 설사 현실과 많은 차이가 있더라도 현실에 낙심하지 않고 믿음 안에서 앞으로 나아가야 합니다.

코칭 대화 모델 **세 번째 단계**는 '인식하기Recognition'입니다. 이 단계에서는 자신(만약 코칭 상황이라면 피코치)이 처음 세운 코칭 주제를 다시 한 번 인식하는 것입니다. 자신을 둘러싸고 있는 주변 환경, 자신의 경험, 일어나는 사건 등을 통해 객관적으로 모든 상황을 재인식해보는 것입니다.

처음 기도 제목을 정하고 그것을 이루기 위해 자신이 어떻게 신앙생활을 하고 있는지 인식하는 것이 중요합니다. 하루에 하나님께 기도 시간을 얼마나 내어드리는지, 얼마나 성경 말씀을 가까이 하는지, 성도 간의 교제와 봉사는 어떻게 이루어지고 있는지를 인식함으로써 자기 자신이 보다 성장할 수 있는 기회를 가집니다.

만약 자신이 처음 세운 목표에 비해 행동이 전혀 뒤따라주지 못한다면 처음 목표를 다시 한 번 상기하고 그것을 이루기 위해 목표 수정을 새롭게 고려해보아야 합니다.

코칭 대화 모델 **네 번째 단계**는 '대안 검토하기Options'입니다. 이 단계에서는 목표를 이루기 위해 실질적 변화를 가져올 수 있는 구체적 대안을 찾아보는 것입니다. 예를 들어 목표를 "3년 안에 내 집을 마련한다"고 했을 때, 그것을 위해 할 수 있는 행동 계획들을 구체적으로 세워보는 것입니다. 만약 주부라면 가계 지출을 줄이고 저축을 늘리는 방법을 찾는 것이지요.

또한 만약 학생이 성적 올리기 목표를 세웠다면 성적 향상을 위해 보다 짜임새 있게 시간 관리를 해서 집중도를 높인다든지, 잠을 줄인다든지, 수업 시간에 집중한다든지, 예습과 복습을 철저히 한다든지 해서 성적을 높이기 위한 전략을 세우는 것입니다.

실제 코칭 상황에서는 4단계에서 코칭받는 피코치가 보유하고 있는 자원들을 점검하고 목표 달성에 필요한 자원이 무엇인지를 검토하기 위해 피코치의 강점과 약점, 위기, 기회를 분석하기도 합니다. 하지만 우리 크리스천들은 이 단계에서 기도 제목을 어떻게 실행에 옮길지 주님께 도움을 청해야 합니다.

코칭 대화 모델 **다섯 번째 단계**는 '실천 의지 확인하기will'입니다. 처음 세운 목표를 달성하기 위해 현실을 파악하고, 자기를 객관적으로 인식하고, 구체적인 대안을 찾아본 이후 행동으로 실천하고자 하는 의지가 없다면 처음 목표를 세운 것은 아무 의미가 없습니다.

흔히 새해가 되면 계획을 세우곤 합니다. "이번에는 꼭 담배를 끊어야지", "올해에는 살을 5kg 빼야지", "올해에는 꼭 운동을 해야지" 등등 계획도 다양합니다. 흔히 '작심삼일' 이라고 하지요. 그 마음이 삼일만 가도 참 좋으련만 그렇지가 않습니다. 아마 매해 세운 계획만 지켰어도 인생이 확 달라지지 않았을까요?

그런데 이 작심삼일도 잘 써먹으면 효과가 있습니다. 바로 작심삼일을 매번 하는 거죠. 말 그대로 삼일마다 작심을 하는 것입니다. 잊어버릴 만하면 다시 되뇌고 잊어버릴 만하면 되뇌면서 실천 의지를 확인하는 것이지요.

우리의 코치가 예수님이고 우리가 예수님께 코칭받는 피코치들이라면 주님과 함께 기도를 통해 세운 기도 제목은 반드시 실행하겠다는 의지가 중요합니다. 우리는 기도 제목에 맞는 기도 응답을 받기까지는 어떤 방해에도 굴하지 않고 끝까지 기도 시간을 주님께 내어드리고 지혜를 구해야 합니다. 그리고 세상에 나가 주님이 나를 통해 일하실 수 있도록 주님의 일꾼이 되겠다는 강력한 의지를 실천해야 합니다.

지금까지 GRROW 코칭 대화 모델을 간단하게 살펴보았습니다. 여기에서 하나님과의 교제를 다시 한 번 생각해보았으면 좋겠습니다. 하나님의 말씀에 순종하기 위해서는 하나님과의 교제가 원만하게 이루어져야 합니다. 여기서 교제란 대화가 잘 통하는 것을 의미하지요.

주님이 함께 세우기를 원하는 기도 목표를 세우고, 그것을 실천하고자 하는 실행 의지, 즉 순종을 통해 하나님의 나라가 확장되는 축복이 우리 모두와 함께하기를 바랍니다.

말씀 묵상

너희가 즐겨 순종하면 땅의 아름다운 소산을 먹을 것이요

「이사야」 1장 19절

아들을 믿는 자에게는 영생이 있고 아들에게 순종하지 아니하는 자는 영생을 보지 못하고 도리어 하나님의 진노가 그 위에 머물러 있느니라

「요한복음」 3장 36절

너희의 순종함이 모든 사람에게 들리는지라 그러므로 내가 너희로 말미암아 기뻐하노니 너희가 선한 데 지혜롭고 악한 데 미련하기를 원하노라

「로마서」 16장 19절

섬김
청지기의 사명

얼마 전 저는 많은 분들에게 존경받는 어느 장로님 한 분을 만났습니다.

이분은 평생을 교회에 헌신하며 성도들을 섬기는 훌륭한 장로님이었습니다. 그런데 그 장로님이 저를 만나 하시는 말씀이 자신은 평생 남을 섬긴다고 생각해본 적이 단 한 번도 없다고 하셨습니다. 자신이 가지고 있는 것을 조금 나눈다는 생각을 했을 뿐이며, 앞으로도 그렇게 살아갈 것이라고 했습니다.

이분은 평생 모은 재산을 선교를 위해 쓰고 또 주님의 종들을 위해 드러내지 않고 돕고 있는 분입니다. 저는 이 장로님을 만나면서 이런 생각을 했습니다.

'내가 가지고 있는 것을 나눈다는 것은 어떤 의미일까?'
'과연 나는 무엇을 이웃과 나눌 수 있을까?'

사람들은 저마다 가진 재능, 실력, 물질, 봉사를 통해 남을 섬깁니다. 그러나 우리는 시간에 쫓겨 살다 보니 가진 것을 나누는 여유를 가지기가 어렵다고 말합니다. 어떻게 하면 우리가 좀 더 나누는 삶을 살 수 있을까요?

섬김 하면 가장 먼저 떠오르는 성경 구절이 있는데, 바로 **「마가복음」 10장 45절** 말씀입니다.

> 인자가 온 것은 섬김을 받으려 함이 아니라 도리어 섬기려 하고 자기 목숨을 많은 사람의 대속물로 주려 함이니라

저는 이 말씀을 묵상할 때마다 제자들의 발을 씻기시며 섬김의 본을 보여주신 예수님을 떠올립니다. 예수님은 우리에게 가난한 자, 병든 자, 소외된 자, 고아, 과부 들과 함께하며 그들을 섬기는 본을

보여주셨습니다. 또한 예수님은 "지극히 작은 자 한 사람에게 한 것이 곧 내게 한 것이라"고 하시며, 세상적으로는 업신여김을 받는 사람들을 인격적으로 귀히 대하라는 교훈을 주셨습니다.

하나님의 목적과 비전을 달성할 수 있도록 돕는 코칭은 코칭받는 피코치들에게 최대한 인격적인 존중을 해줍니다. 인격적인 존중과 신뢰 없이는 코칭이 이루어지지 않습니다. 상대방을 어떤 눈으로 바라보느냐에 따라 상대방의 인생은 달라집니다. 내가 상대방을 어떻게 대하느냐에 따라 내가 존중을 받기도 하고 무시를 당하기도 합니다.

섬김은 진정한 의미에서 봉사, 헌신의 의미를 포함하고 있습니다. 봉사라고 해서 꼭 어느 봉사 기관에 가서 일을 해야만 봉사는 아닙니다. 타인을 배려하는 마음도 봉사의 첫 출발이라고 할 수 있습니다. 하나님은 우리에게 많은 재능을 주셨습니다. 내게 있는 재능을 가지고 사회에 공헌할 수 있는 것도 섬김이며, 이웃에게 따뜻한 위로의 말 한마디 건넬 수 있는 것도 진정한 의미에서 상대방을 섬기는 행동이라고 할 수 있습니다.

우리는 인류 역사에서 위대한 업적을 남긴 수많은 위인들의 전기를 읽어왔습니다. 에디슨, 퀴리 부인, 아인슈타인, 간디, 나이팅게

일……. 이분들의 삶의 공통점은 자신이 가진 재능으로 사회를 위해 공헌했다는 것입니다. 즉, 자신이 가진 것을 충분히 나눌 수 있는 서번트Servant 리더들이었습니다.

그린리프 연구센터 소장인 스피어스(Spears, 1995)는 섬김의 리더십의 몇 가지 행동 특성을 발표했습니다. 그 가운데서도 상대방의 이야기를 잘 듣는 경청과 상대방의 입장에서 생각해보는 공감은 우리가 익히 잘 알고 있습니다. 섬김의 태도와 관련하여 스피어스가 중요하게 다루었던 한 가지는 바로 청지기 의식Stewardship이었습니다. 청지기 의식은 자신에게 맡겨진 모든 일들을 사명감을 가지고 책임감 있게 수행하는 태도를 말합니다.

그린리프(Greenleaf, 1996)는 섬김의 리더는 자신의 언행이 다른 사람들에게 미칠 영향을 고려해서 책임감 있게 의사 결정을 해야 한다고 했습니다.

하나님은 우리에게 많은 달란트를 주셨습니다.
우리가 가진 달란트를 가지고 사회를 위해, 가까이 있는 우리 가족을 위해, 또 믿는 성도들을 위해 섬길 것은 무엇인지 생각해보아야 합니다.

저는 학교에서 학생들에게 봉사 활동을 나가게 하는데, 처음 학생들이 봉사 활동을 나갈 때면 저마다 자신이 봉사 대상자에게 무언가를 주겠다는 생각을 가지고 나갑니다. 그러나 봉사 활동을 마친 뒤 소감을 들어보면 자신이 봉사 대상자에게 무언가를 준 것이 아니라 자신이 그들로부터 많은 것들을 받았다며 진정한 사랑의 의미를 배우게 된 데 대해 감격하는 것을 많이 보았습니다.

손발이 뒤틀려 자신의 생각을 잘 전달하지 못하는 지체 장애우일지라도 그들의 순수함과 사랑은 봉사하러 나간 사람에게 봉사한다는 생각 자체를 잊게 만듭니다. 하나님께서 우리 모두를 서로 섬기라고, 또 연약한 지체들을 위해 서로 기도하라고 우리를 그리스도 예수 안에서 한 몸으로 부르셨다는 것을 알 수 있습니다.

지금 우리 사회는 혼돈과 무질서 속에 말세를 향해 가고 있음을 보여주는 일들이 많이 일어나고 있습니다. 인류의 생존을 위협하는 지구의 온난화, 전쟁과 기근, 전염병의 위험, 인간성의 말살과 같은 일들이 곳곳에서 일어나고 있음은 믿는 우리가 그 어느 때보다 깨어 있어야 함을 말해줍니다.

우리는 깨어 도움을 필요로 하는 사람들을 향해 손길을 내주어야 합니다. 우리가 우리 의지만으로 남을 섬기고자 한다면 우리는 쉽게 낙심할 수밖에 없습니다. 그러나 주님의 심정으로 도움의 손길을 바라는 그들을 향해 나아간다면 봉사 후에 많은 기쁨을 함께 나눌 수 있습니다.

어떻게 하면 주님의 심정으로 상대방을 바라볼 수 있을까요?
코칭에서는 '모델링Modeling' 기법이 있습니다. 모델링은 "훌륭한 사람의 생각이나 느낌, 행동하는 방법을 본뜨게 하는 것으로 닮고 싶은 모델의 경험 구조를 자신에게 적용해보는 것"입니다. 모델링의 목적은 "자신이 이상으로 생각하는 대상처럼 행동해봄으로써 그 모델처럼 성공적인 삶을 살아가도록" 하는 데 있습니다.
흔히 요즘 청소년들의 문제점은 존경하는 사람들이 없다는 데 있다고 합니다. 예전과는 달리 선생님에 대한 존경도, 부모에 대한 순종도 많이 없어져서 모델링할 수 있는 대상이 적어진 데서 청소년 문제가 생긴다고 합니다. 존경할 수 있는 사람이 없으니 그저 유행을 따라하고, 자기가 최고인 줄 알고, 그래서 화려해 보이는 연예인이나 스타들의 모습을 무분별하게 따라하는 아이들……. 이렇게 된 데는 우리들의 책임이 크다는 생각도 듭니다.

우리가 본받아야 할 분은 누구입니까?

바로 예수님입니다. 그러나 우리가 하나님의 아들이신 예수님이 행하신 것을 본받아 우리 삶에 그대로 적용해 살기는 어려울 것입니다. 그래서 모델링에서는 우리 주변에서 자신이 존경하고 닮고 싶은 분을 찾아 그분처럼 행동하고 말하는 훈련을 하기도 합니다. 가까이 있는 부모도 좋고, 선배도 좋고, 위인도 좋습니다.

독자 여러분!

여러분은 닮고 싶은 사람이 있습니까? 그렇다면 그 닮고 싶은 사람처럼 행동하고 그 사람이 살아온 삶의 발자국을 따라가보십시오. 그곳에서 자신의 모습을 발견하고 더 많은 사람들에게 유익을 줄 수 있는 사람으로 변화되어 있는 자신을 보게 될 것입니다.

아이들을 코칭하다 보면 아이들이 가장 많이 모델링하는 대상은 부모인 것을 알 수 있습니다. 부모를 통해 아이들은 올바른 가치관과 직업관을 형성하게 되며 그 성품을 닮아갑니다.

신기하게도 아이들은 내가 꼭 닮지 않았으면 하는 부분을 닮습니다. 흥분하면 욱하는 내 성질을 닮고, 정말 닮지 않았으면 싶은 못생긴 내 걸음걸이를 닮고, 내가 가장 싫어하는 신랑의 소심한 모습을 닮습니다.

그래서 아이를 보면서 더 화나는 이유가 그것 때문이라는 부모도 많이 만나게 됩니다. 누가 가르쳐주지 않아도 그대로 모델링을 하는 아이들이기 때문에 부모는 아이 앞에서 늘 긴장해야겠지요.

비단 성격과 모습뿐만이 아닙니다. 아이는 자기도 모르게 부모의 시각으로 세상을 바라봅니다. 부정적인 부모의 아이는 부정적으로, 의식이 자유로운 부모의 아이는 자유롭게 성장합니다. 사회적 의식이 없는 아이에게 부모의 한두 마디는 절대적이기 때문이지요.

얼마 전 한국청소년정책연구원에서 발표한 연구 결과에 따르면, 우리나라 청소년 92.3%가 인생에서 가장 중요한 것으로 '돈'을 꼽았다고 합니다. 또 학생들은 학력(82.6%)과 권력(69.5%)을 그다음 중요한 가치로 뽑았습니다.

일본 학생들의 경우 돈(90.4%), 학력(87.7%), 권력(62.3%) 순으로 우리와 인생의 우선순위는 같으나 중요시하는 정도에서 약간 차이를 보였고, 중국 학생들은 학력(93.3%), 돈(76.1%), 권력(63.9%) 순으로 나타났습니다. 우리나라 청소년들이 배우자와 직업의 선택에 있어서도 '돈'을 가장 중요한 기준으로 삼았다는 것은 우리에게 시사하는 바가 큽니다.

우리가 자녀들을 키운다는 것은 쉽지 않습니다. 특히 크리스천으로서 청지기 부모 의식을 가지고 우리 아이들에게 인생에서 정말 중요한 가치가 무엇인지 깨닫도록 가르치기 위해서는 부모로서 내 아이에게 모델링 대상이 되어줄 만한 좋은 부모인지를 늘 점검해보아야 합니다.

모델링을 할 때 주의할 점은 무엇을 왜 하려는지, 어떤 상황에서 활용하고자 하는지를 점검해보아야 한다는 것입니다. 모델링 대상도 가치와 정체성을 고려해보아야 합니다.

모델링의 순서를 간략하게 소개하면 다음과 같습니다.

1) 평소 닮고 싶은 모델을 선택합니다.

평소에 자신이 가장 닮고 싶은 사람이 누군가요? 위인전의 인물도 좋고 주변에서 존경하는 사람도 좋습니다. 또 자신의 부모님도 좋지만, 믿는 우리는 예수님을 우리가 닮고 싶은 모델로 선택해봅니다.

2) 모델의 이미지(행동이나 느낌)를 그려보게 합니다.

자신이 정말 닮고자 하는 행동을 지금 그 모델이 하고 있다고 생각하고 그 이미지를 마음속으로 그려봅니다. 그 모델이 하는 행동,

말, 생각, 느낌 등을 충분히 그려봅니다. 그중에서 닮고 싶은 한 이미지가 떠오르면 그 장면을 멈춥니다.

우리 모두 예수님의 이미지를 그려봅니다. 예수님이 산상수훈 설교를 하시는 모습, 병자를 고치시는 모습, 겟세마네 동산에서 기도하시는 모습, 제자들의 발을 씻기시는 모습 등을 그려봅니다.

3) 닮고 싶은 사람과 자신의 상을 교체시킵니다.

우리가 만약 예수님과 하나가 되어 예수님처럼 보고 듣고 행동한다면 어떻게 될까요? 예수님의 시각으로 모든 것을 바라보면 세상이 달라 보일 것이라 생각합니다. 도저히 용서할 수 없는 사람도 용서하게 되고, 형편없어 보이는 사람도 매우 귀한 하나님의 형상을 가진 영혼으로 바라보게 되고, 사랑이 샘솟을 것 같습니다.

실제로 코칭 실습에서는 이 단계에서 코칭받는 사람에게 닮고 싶은 모델의 능력, 가치, 언어 표현, 정체성 등을 따라서 말하게 합니다.

4) 언제 어느 때든 바라는 이미지를 무의식적으로 사용할 수 있도록 훈련합니다.

우리가 하루하루를 살면서 늘 예수님처럼 살아간다면 어떨까요?

어려운 일이 닥쳤을 때만 그분께 다가가는 것이 아니라 일상의 삶을 주님과 동행하며 살아간다면 날마다 모델링을 실천하며 사는 삶이 됩니다.

말씀 묵상

인자가 온 것은 섬김을 받으려 함이 아니라 도리어 섬기려 하고 자기 목숨을 많은 사람의 대속물로 주려 함이니라

「마태복음」 20장 28절

또 무엇이 부족한 것처럼 사람의 손으로 섬김을 받으시는 것이 아니니 이는 만민에게 생명과 호흡과 만물을 친히 주시는 이심이라

「사도행전」 17장 25절

내가 네 사업과 사랑과 믿음과 섬김과 인내를 아노니 네 나중 행위가 처음 것보다 많도다

「요한계시록」 2장 19절

열정
내 마음속의 열정을 찾아라

오스트리아의 신경정신과 교수이자 '로고테라피 학파'의 선구자인 빅터 프랭클은 제2차 세계대전 당시 3년 동안 아우슈비츠를 비롯한 여러 수용소에 갇혀 있다 살아 돌아온 생존자입니다. 그는 전쟁이 발발한 후 어느 날 갑자기 수용소로 끌려가면서 평생 동안 집필한 원고를 모조리 압수당하고 맙니다.

이후 육체적인 고통과 끊임없는 공포 속에서도 그는 작은 종잇조각들에 중요한 내용들을 기록해 나갔는데, 그렇게 글을 적다 보니 원고를 새로 쓰고 싶다는 '열정'이 마음속에서 솟구쳐 올랐다고 합니다.

'살아 나가서 이 내용들을 꼭 글로 쓰리라'는 마음속의 열정이 그를 참혹한 환경 속에서도 버티게 만들었고, 결국은 삶으로 돌려보내준 원동력이 되었습니다.

우리는 인생 가운데 어떤 열정을 품고 살아가는지요? 이 장에서는 열정에 대해 살펴보겠습니다.

1 열정이란

열정Passion은 "어떤 일에 열렬한 애정을 가지고 열중하는 마음"을 뜻합니다. 열정熱情은 일과 사랑에서 그 정도를 쉽게 알 수 있습니다.

우리 주변 사람들을 가만히 한번 볼까요?

공부에 열정이 있는 아이들을 보면 학습 태도부터 다릅니다. 학습 목표를 세워 놓고 공부에 방해가 되는 컴퓨터나 TV 프로그램들은 스스로 절제하고 자신들의 꿈을 위해 열심히 공부하지요. 또 사랑에 빠진 젊은 연인들을 보면 옆에서 보기 민망할 정도로 서로에 대한 눈빛부터 다르고, 열렬한 애정을 가지고 서로에게 열중합니다.

열정을 가지고 있으면 어려운 일에도 도전하고 싶은 마음이 생기고 적극적인 자세로 변합니다.

로마의 장군 안토니우스Antonius가 이집트의 여왕 클레오파트라 Cleopatra에게 푹 빠져 정신을 차리지 못하고 있을 때의 일입니다.
 정치적으로도 로마의 막강한 실력자를 붙잡아 둘 필요가 있었던 클레오파트라는 안토니우스를 사로잡아 매일같이 사랑의 밀어를 속삭이게 했습니다.
 클레오파트라가 안토니우스에게 이렇게 말했다고 합니다.

"정말 나를 사랑하고 있다면 얼마나 사랑하고 있는지 말해 보아요."

그러자 안토니우스는 이렇게 말했다고 합니다.

"얼마나 되느냐고? 저울질할 수 있는 사랑이라면 그것은 빈약한 사랑이오."

진정 사랑하기 때문에 사랑을 잴 수 없다고 지혜롭게 말할 수 있었던 것은 안토니우스에게 클레오파트라를 향한 뜨거운 열정이 있었기 때문일 것입니다. 그래서 그런 사랑 고백을 할 수 있었을 테지요.

캘리브레이션 Calibration (관찰 식별)

코칭에서는 사람에 대한 관심을 끝까지 놓치지 않고 믿어주고 지지하고 격려해줍니다. 상대방을 사랑하는 열정이 없으면 코칭하기가 참 어렵습니다. 코칭받는 사람, 즉 피코치에 대한 애정, 그것을 우리 크리스천들은 영혼을 품는 사랑이라고 말할 수 있을 것입니다. 영혼을 향한 사랑, 영혼 사랑을 위해 코칭에서 자주 사용하는 코칭 기법으로 '캘리브레이션(관찰 식별. 사전적 의미는 자, 저울 등의 눈금, 교정)'이 있습니다.

앞에서도 잠시 언급했지만, 캘리브레이션은 상대방과 보다 친밀한 라포를 만들기 위해 상대방의 동작, 호흡 상태 등을 주의 깊게 찾아내는 기술로서 관찰 식별을 통해 피코치의 숨겨진 마음 상태를 읽어낼 수 있습니다. 좀 더 쉽게 말하면, "상대방의 마음 상태를 파악하는 것"이라고 생각하면 됩니다.

보다 전문적인 코칭 영역에서는 캘리브레이션은 "피코치의 상태를 93%의 비언어적 신호를 통해서 정확하게 알아내는 것"을 말합니다. 즉, 상대방의 내면 상태를 파악해내는데, 이것은 라포를 만들기 위해 필요한 피코치의 호흡 정도, 손동작, 음의 고저 등을 관찰하는 것입니다. 상대방의 얼굴 표정이나 색깔, 안면 근육의 움직임, 눈동자의 움직임 등을 통해서 상태를 파악할 수 있습니다.

그러나 훈련이 안 된 상황에서 상대방의 얼굴이나 한 가지 행동만을 보고 섣불리 주관적인 판단을 내리는 일이 없도록 주의해야 합니다.

두 사람이 짝을 지어서 캘리브레이션 활동을 함께해보면 참 재미있습니다. 예를 들어 2인 1조가 되어 서로 얘기하면서 '좋아하는 사람' 혹은 '싫어하는 사람'을 말할 때 상대방의 호흡, 눈동작, 얼굴 근육, 음성, 목소리톤, 제스처, 말의 빠르기 등을 관찰하게 합니다. 편안하게 옆에 있는 사람들과 이야기할 때도 자세히 관찰해보면 재미있는 것들이 많이 보입니다. 특히 상대방에 대한 이해를 높이기 위해 상대방의 유추 행동을 보고 빨리 단서를 잡아내면 상대방의 마음 상태를 쉽게 파악하게 됩니다.

여기서 말하는 유추 행동이란 보는 것Seeing(피부색 변화), 듣는 것 Hearing(말의 템포, 볼륨, 피치, 톤), 느끼는 것Feeling(피부 온도, 근육 긴장, 압력, 피부의 건기와 촉촉함, 윤기), 냄새 맡는 것Smelling(향수, 알코올중독자의 호흡, 입냄새) 등을 통해 "상대방에 대해 미리 추측해보는 행동"을 말합니다.

일반적으로 캘리브레이션을 가장 잘하는 사람들은 누구일까요? 바로 사랑하는 사람들이지요. 사랑을 하면 상대방의 몸짓 하나에도 관심을 가지고 상대방의 마음을 읽으려 합니다. 우리가 영혼 구원의 열정을 가지고 전도할 때 상대방의 마음을 잘 읽어주는 캘리브레이션을 잘 사용하면 쉽게 라포가 형성되어 전도의 열매도 잘 맺을 것이라 생각합니다.

2 주관적 몰입 Association

1) 열정을 갖는 방법

열정은 우리의 신앙생활에 활력을 줍니다. 신앙생활에서 열정이 없으면 기도가 없어지고, 교회 다니는 것도 귀찮아지고, 곧 세상적인 염려와 근심으로 참 힘들어집니다.

개인적으로 열정을 가지고 있는 사람은 자신의 능력을 멋지게 발휘하고 비전과 사명을 위해 노력합니다. 그러나 열정을 가지고 있지 못한 사람은 매사에 의욕이 없고 낙심하며, 사람들과 교제를 나누는 것을 싫어하고 인생의 목표가 없습니다.

저도 신앙생활을 하면서 가끔 낙심되거나 세상적인 염려가 몰려와서 기도가 힘들어질 때면 제 안에 계신 성령님께 기도의 열정을 회복하게 해달라고 부탁을 드립니다.

코칭 스킬에서 열정을 갖는 방법 몇 가지가 있는데, 그중 세 가지 정도만 소개하겠습니다.

첫째 자신을 열중하게 하는 것을 발견하고 실천합니다.

여러분은 무엇을 할 때 가장 즐겁게 몰입해서 하나요? 음식을 만들 때, 음악을 들을 때, 운동을 할 때, 사람들을 만나 교제할 때, 취미 생활을 할 때, 책을 읽을 때, 공부를 할 때 등 분명 열중하는 것이 한두 가지는 있을 것입니다. 그것을 발견하고 거기에서 긍정적인 성장을 도울 수 있는 방법들을 찾아본다면 금상첨화가 되겠지요.

둘째 강력한 비전을 만들어봅니다.

하나님이 자신에게 주신 사명이 무엇인지 깨닫고 큰 비전을 세워

보는 것입니다. 크리스천 코칭은 무엇이라고 했나요? 우리를 향한 하나님의 목적이 무엇인지 하나님의 뜻을 이루어드릴 수 있도록 상대방을 도와주는 것이라고 했어요. 앞에서 사람의 코끝을 보고 우리를 향한 하나님의 목적을 생각하라고 했지요.

셋째 열정적인 사람들을 자주 접합니다.

책을 통해서든, TV를 통해서든, 아니면 실제 만남을 통해서 열정적인 사람들을 자주 만나야 합니다. 자신의 일에 열정적인 사람들을 만나다 보면 우리는 도전을 받습니다. 그들의 삶을 통해 보다 적극적인 자세로 우리도 모르게 변화됩니다.

저는 지난 달에 회갑을 맞으시고 대학원 박사과정에 들어오셔서 정말 열심히 공부하시는 한 장로님과 이야기를 나누었는데, 얼마나 도전이 되고 그분의 학구열에 감동받았는지 모릅니다. 직장에서 은퇴하시고 학교에서 공부하는 제2의 인생이 매우 행복하고 보람이 크다고 말씀하시는데, 그 표정이 정말 행복해 보였습니다.

저도 그 장로님처럼 나이 들어서도 나이 상관하지 않고 무언가 새로운 일에 열정을 가지고 도전해볼 수 있겠다는 희망을 가져보았습니다.

성경에서도 바울의 전도에 대한 열정은 정말 대단하지요. 늘 하나님을 전하고 하나님의 아름다운 덕을 알려야 하는 우리의 사명은 열정이 있을 때 열매가 더 풍성히 나타난다고 생각합니다.

2) 주관적 몰입Association

코칭에서 열정과 관련되어 실제로 실천해볼 수 있는 코칭 기술 하나를 소개하자면 주관적 몰입Association이 있습니다. 주관적 몰입은 마음이 편안하고 안정Clearing된 상태에서 자기 자신에게 충분히 몰입할 수 있는 상황을 말합니다.

주관적 몰입의 목적은 자기 자신의 감정 상태를 자원이 풍부한 상태로 바꾸기 위해 충분히 몰입하도록 훈련하는 데 있습니다. 몰입하는 과정에서 과거 좋았던 경험을 기억해내고 그것을 열정적으로 활용하도록 합니다.

열정은 몰입과 상관관계가 참 높습니다. 어떤 일에 몰입해서 성과를 내게 되면 그 사람에게 대해 "참 열정적이다"라는 평가가 따라옵니다.

성경 속의 인물들을 보면 하나같이 주님의 일을 하는 데 있어 열정적인 면들을 찾아볼 수 있습니다. 앞에서 잠시 언급한 바울의 전도 열정은 말할 것도 없고, 십자가에 거꾸로 매달려 죽기까지 복음을 전한 베드로의 열정, 「시편」에서 하나님에 대한 사랑과 감사를 열정적으로 찬양한 다윗, 기도의 열정을 보여주었던 다니엘, 우리의 죄를 대신해서 자기 목숨을 대속물로 내어주신 예수님의 영혼 사랑에 대한 열정을 생각하며 계속 주관적 몰입에 대한 활동을 함께 해보겠습니다.

이 주관적 몰입은 혼자 해보아도 좋고, 2인 1조가 되어서 상대방과 함께 해보아도 좋습니다. 이제 여러분도 다음 순서대로 한번 따라해주시기 바랍니다.

① 마음을 안정하고 편안한 자세로 앉아주시기 바랍니다.
② 과거 자신이 열정적으로 몰입했던 경험 한 가지를 떠올려보세요.
'나는 크게 열정적으로 일했던 경험이 없는데…' 라고 생각하시는 분은 가장 즐거웠던 경험이나 행복했던 기억을 하나 떠올려 주시면 됩니다. 이때 눈을 감고 편안한 자세에서 생각해보면 더 잘 몰입할 수 있습니다.
③ (과거 기억 속으로 점점 몰입해보도록 한 다음 시각Visual, 청각Auditory, 체각 Kinesthetic 질문을 한다.)

자, 그때 당시에 무엇이 보이나요?

어떤 소리가 들리지요?

어떤 느낌이 느껴지나요?

④ 열정적이었던 자신의 모습을 생각해보면서 앞으로 자신의 긍정적인 내적 자원으로 자주 기억해보기를 바랍니다.

실제 코칭에서는 주관적 몰입에서 시간을 충분히 가지고 과거 기억 속에서 열정적인 모습을 떠올린 다음 그 기억을 자주 반복해서 꺼내 볼 수 있는 훈련을 합니다.

과거의 즐거웠던 기억을 자주 떠올리면 힘이 나고 적극적인 자세로 바뀌지요.

다음의 예는 한 가지 일에 열정적인 자세로 뛰어들었을 때 성공하는 경우를 보여줍니다.

세계적으로 체육 사업이 호황을 누리면서 운동화 시장의 규모도 상당히 커졌습니다. 일본의 기업가 하치로는 운동화 생산에 온 열정을 쏟았습니다. 그는 질 좋은 농구화를 만들기 위해 직접 각종 농구화를 사서 문제점이 무엇인지 깊이 연구하기 시작했고, 농구 선수들을 찾아가 자신이 만든 농구화의 문제점을 지적해달라고 요청하기도 했습니다. 선수들은 미끄러지기 쉽다거나, 자세가 불안정해서

골을 넣을 때 영향을 준다거나 하는 문제점을 말했습니다.

그가 직접 농구화를 신고 농구를 해보았더니 선수들의 말대로였습니다. 여러 가지 시험을 거쳐 하치로는 문득 오징어의 흡반(빨판)에서 아이디어를 얻었습니다. 그래서 운동화 바닥을 흡반과 같은 모양으로 설계했습니다.

오늘날의 농구화 바닥 모양은 이렇게 해서 만들어진 것이라고 합니다. 그 후 하치로의 운동화는 운동화 시장에서 독보적인 자리를 차지했고, 많은 고객의 사랑을 받았습니다.

마지막으로 제가 질문을 드리겠습니다.

"당신은 어떤 일에 깊이 열정을 가지고 몰입한 결과 뛰어난 성취를 이끌어낸 경험이 있나요? 있다면 어떤 경우였나요?"

"주님의 일에 열정을 가지기 위해서 우리는 과연 어떤 삶을 살아가야 할까요?"

하나님은 우리에게 각자 은혜의 분량대로 이 땅에서 사명을 주셨습니다. 하나님의 자녀로서 크리스천이라는 이름을 달고 살아가는 우리가 좀더 열정을 가지고 주님의 일에 적극적인 사명자가 된다면 전 세계에 새로운 부흥을 가져올 수 있으리라 생각합니다.

말씀 묵상

내 대적들이 주의 말씀을 잊어버렸으므로 내 열정이 나를 삼켰나이다

「시편」 119편 139절

제자들이 성경 말씀에 주의 전을 사모하는 열심이 나를 삼키리라 한 것을 기억하더라

「요한복음」 2장 17절

보라 하나님의 뜻대로 하게 된 이 근심이 너희로 얼마나 간절하게 하며 얼마나 변증하게 하며 얼마나 분하게 하며 얼마나 두렵게 하며 얼마나 사모하게 하며 얼마나 열심 있게 하며 얼마나 벌하게 하였는가 너희가 그 일에 대하여 일체 너희 자신의 깨끗함을 나타내었느니라

「고린도후서」 7장 11절

용기
다시 시작하는 힘

    옛날에 대단히 용감한 한 소년이 있었습니다. 이 소년이 사는 마을에는 마을 사람들을 괴롭히는 못되고 힘센 장수가 있었습니다. 이 장수는 마을 사람들을 몹시 괴롭혔지만, 아무도 그 장수를 이길 수가 없었습니다. 어른들은 겁에 질려 아무도 그 장수와 싸울 용기를 갖지 못했습니다. 그러나 그 용감한 소년은 장수에게 결투를 신청하고, 평소 자신이 사냥할 때 즐겨 쓰던 일명 '돌멩이 권법'을 사용해서 장수를 무찔렀습니다.

    사실 이것은 우리가 잘 아는 이야기입니다. 바로 '다윗과 골리앗'의 이야기니까요.

골리앗이 이스라엘 군사 앞에 나타났을 때, 군사들은 한결같이 이렇게 생각했습니다.

'저렇게 거대한 자를 어떻게 죽일 수 있을까?'

다윗도 골리앗을 보았으나 그는 이렇게 생각했습니다.

'저렇게 크니 절대 빗맞을 일은 없겠다.'

생각의 선택을 어떻게 하느냐에 따라 결과가 완전히 달라질 수 있음을 보여주는 사례라고 생각합니다. 긍정적인 생각을 통해 '용기'를 가지면 우리는 우리 자신도 놀랄 만한 일들을 경험할 수 있습니다. 12장의 주제는 바로 '용기'입니다.

1 센터링 Centering

자신의 성장을 위해 코칭을 받는 사람들은 대부분 뭔가 새롭게 변화하고 싶은 욕구를 가지고 있습니다. 코칭의 성과는 코칭받는 피코치에게 변화에 대한 의지가 얼마나 있는가에 따라 달라집니다. 정말 자신의 삶에서 새로운 변화를 위해 무언가에 도전해볼 용기를 가진 사람들은 코칭 이후 많은 성장을 이룹니다.

실제로 저는 코칭 현장에서 인간관계가 깨어져서 코칭을 받으러 오는 사람들을 많이 봅니다. 인간관계의 회복을 위해서 먼저 용기를 내어 상대방과 대화를 시도해보는 건 어떻겠냐고 물으면, 먼저 말을 걸 자신이 없다고 이야기하는 것을 보게 됩니다.

인생을 살면서 사람과의 관계 속에서 용기가 필요할 때가 참 많습니다. 아무리 가까운 부부 사이라고 하더라도 중요한 순간에 어떻게 말하느냐에 따라 더 가까워지기도 하고, 반대로 감정의 골이 깊어지는 경우도 있습니다.

상대방이 내가 원하는 대로 따라주지 않으면 감정이 상하고, 몸에서는 아드레날린이 분비되어 혈액공급이 원활하지 않게 되니 화병도 생기고, 또 자신도 모르게 감정적으로 대응하다가 최악의 상황을 맞는 경우가 생깁니다. 관계가 깨어지고 나서 다시 회복하려면 대단한 용기가 필요한데, 그게 또 쉽지가 않습니다.

아이들에게 용기라는 개념을 가르칠 때 "용기란 친구랑 싸우고 나서 내가 먼저 사과하는 것", "용기란 수업 시간에 질문할 게 있으면 부끄러워하지 않고 손을 드는 것", "용기란 무서운 생각이 들어도 일어나 불을 켜는 것" 등의 예를 들어 설명해줍니다. 용기의 개념 속에는 "씩씩하고 힘찬 기운"의 의미가 포함되어 있지만, "사물을 겁내지 않는 기개"의 의미도 포함되어 있습니다. 용기를 가지면 무한한 개척자의 능력을 발휘하게 됩니다.

1966년 아시아의 노벨상이라고 불리는 막사이사이상을 수상한 용감한 개척자 '김용기' 선생님을 혹시 아시는지요? 이분은 농촌 계몽 운동을 통해 나라를 부유하게 만들기 위해 '가나안 교회'라는 이름을 붙인 천막을 치고, 새로운 농사법을 연구하면서 나중에 농촌 지도자를 키우기 위한 '가나안 농군 학교'를 만들었습니다.

이분은 이름대로 참 용기있는 삶을 사셨어요. 남들에게 버려진 땅, 척박한 땅을 골라 그 땅을 피와 땀으로 일구어 옥토로 만들고 가나안 농군 학교를 통해 농촌 지도자들을 길러냈습니다. 중간에 친구에게 사기를 당하는 위기도 겪고 좌절하는 상황도 발생했지만, "개척자는 영원히 개척 현장에 있어야 한다"며 용기를 가지고 재도전해서 재기에 성공했습니다.

그의 마음속에는 어떤 어려움에도 흔들리지 않고 버려진 황무지를 개간해 어떻게든 농민들에게 도움을 주고자 하는 생각만이 가득했습니다. 그야말로 중심이 바로 서 있었지요.

코칭에서는 마음의 중심을 잡고 있는 상태를 '센터링Centering'이라고 하는데, 여기에는 뿌리 내리기와 흐르기 두 가지 기법이 있습니다.

첫째 뿌리 내리기Grounding 기법은 "마치 나무가 땅에 튼튼한 뿌리를 내리고 있는 것처럼 자신의 마음을 한곳에 모으고 흔들리지 않도록 중심을 잡고 있는 상태"를 말합니다.

우리가 어떤 어려운 상황을 만났을 때 미리 마음의 중심을 잡고 대응할 자세를 갖추고 상황에 직면하는 것과 전혀 마음을 추스르지 못한 상황에서 어려운 일을 당하는 것은 충격 면에서 큰 차이가 납니다. 마음의 중심을 한곳에 모으고 마치 뿌리를 내린 것처럼 자신을 견고하게 하면 자신을 공격하는 어떤 힘에도 용기있게 대처할 수 있습니다.

뿌리 내리기 기법을 직접 해보고 싶다면 이렇게 응용할 수 있습니다.

① 먼저, 자신을 힘들게 했던 도전적 사건을 하나 떠올려봅니다.
② 그리고 나서 마치 자신이 땅에 뿌리를 둔 나무가 된 것처럼 무릎을 살짝 굽히고 발을 땅에 대고 안정된 상태를 만들어봅니다.
③ 자신의 파트너에게 자신을 전후좌우에서 밀어보게 합니다. 상대방이 미는 힘을 공격이 들어온다고 생각하고 정신적으로 신체적으로 센터링, 즉 중심 잡기를 유지하는 것입니다.

둘째 센터링의 흐르기Flowing 기법은 "자신에게 영향을 미치는 힘과 함께 움직이는 것으로 자신의 센터로부터 자발적으로 움직이는 것"을 말합니다. 이것은 마치 바람이 불면 바람이 부는 대로 자연스럽게 따라가는 것 같지만 결국에는 중심을 잡고 움직이는 것으로 뿌리 내리기보다는 훨씬 유연하게 대처하는 자세입니다.

이 흐르기 기법도 직접 해볼 수 있는데, 이것은 앞에서 해본 것과 순서는 같지만 반응하는 자세가 다릅니다. 뿌리 내리기는 자세를 고정시켜 흔들리지 않도록 하는 것인 데 반하여 흐르기는 자극이 오는 방향대로 움직이는 것입니다. 그러나 오뚜기처럼 다시 제자리를 찾는 것이지요.

우리가 어떤 불의한 일에 뜻을 굽히지 않고 대응하기 위해서는 용기가 필요합니다. 이때 센터링의 자세는 매우 도움이 됩니다. 언제나 마음의 중심을 잡고 있으면 담대함이 생기고 의연하게 대처할 수 있는 용기가 생겨나지요.

그런데 여기서 주의해야 할 것이 하나 있습니다. 크리스천들의 용기는 하나님과 함께할 때 진정한 용기와 승리가 주어진다는 것입니다.

다윗이 골리앗과 싸울 때 말한 신앙고백을 통해 진정한 의미의 용기에 대한 교훈을 얻습니다.

> "전쟁은 여호와께 속하였다. 너는 칼과 단창으로 나아오나 나는 만군의 여호와의 이름으로 나아가노라. 오늘 여호와께서 너를 내 손에 붙이셨느니라."

어린 다윗은 골리앗과의 싸움이 하나님께 있다고 선포합니다. 전쟁에 이길 수 있는 성경적 명분을 붙든 것이지요. 하나님은 지금까지의 인류 역사 가운데 용기 있는 창조적 소수를 통해 일해오셨음을 우리는 기억해야 합니다.

2 앵커링 Anchoring(닻 내리기)

몇 년 전 어느 낯선 지역에 처음으로 간 적이 있었습니다. 그 지역에서는 하나님의 말씀을 학교나 교회 기관에 새기고 지나가는 사람들이 그 말씀을 읽도록 하였습니다.

저도 지나가다 가끔 그곳에 새겨진 성경 말씀을 보면 낯선 지역에서의 두려움을 갖지 않게 되었습니다. 그 당시 제가 용기와 관련해 힘을 얻은 성경 말씀이 있는데, 바로 「여호수아」 1장 9절 말씀이었습니다.

> 내가 네게 명령한 것이 아니냐 강하고 담대하라 두려워하지 말며 놀라지 말라 네가 어디로 가든지 네 하나님 여호와가 너와 함께 하느니라 하시니라

이 말씀은 제게 많은 용기를 주었습니다. 인생에서 항상 하나님과 함께 있다면 언제나 자신감을 갖게 되고 기쁨에 넘치는 생활을 할 수 있습니다.

코칭에서는 인생에서 자신감에 차 있던 상태나 기쁨에 넘쳐 있던 상태Resourceful의 체험을 기억하고 언제든지 그것을 다시 사용할 수 있도록 하는 '앵커링'이란 기법이 있습니다. 앵커Anchor는 '닻'을 의미하는데, 이 닻은 배를 고정시키는 물건을 말하지요.

코칭에서는 "앵커링이란 바다 밑에 닻을 내려 배를 일정한 위치에 머물게 하는 것처럼 자신의 리소스풀한(내적 자원이 충만한) 상태의 감각을 신체의 일정 부위에 머무르게 하는 방법"을 말합니다. 따라서 앵커링은 자신이 자신감 있던 내적 자원을 언제든지 끌어올려 사용할 수 있는 몸의 기억장치를 말합니다.

좀더 쉽게 앵커링을 설명하자면, 달리기 시합을 앞두고 출발선에 선 아이를 응원하는 부모를 연상해보면 이해하기 쉽습니다.

아이들이 출발선에 서 있을 때 부모님이 "OO야! 잘 뛰어라!" 하며 손을 흔들어주는 제스처를 아이들에게 보내지요. 아이들은 부모님이 응원하는 장면을 보면 힘을 얻습니다.

여기서 '손을 흔드는 제스처'를 '비주얼 앵커', 즉 '시각 앵커'라고 합니다. 손을 흔드는 제스처는 아이들의 몸에 어떻게 기억되어 있을까요? "아! 엄마가 나를 응원하고 있구나."를 눈으로 확인하여 힘을 얻는 제스처지요.

또한 부모님이 "OO야! 넌 정말 잘할 수 있어. 힘내라! 파이팅!" 한다면 아이들은 그 소리를 듣고 또 힘을 얻지요. 아이들은 들리는 소리가 자신을 응원하고 있다는 것을 압니다. 이것을 '오디토리 앵커', 즉 '청각 앵커'라고 합니다.

또한 아이들이 출발선에 서기 전에 부모님이나 선생님이 아이의 어깨를 짚어주며 응원을 해줄 때 아이들은 용기를 얻습니다. 어깨를 짚어주는 행동은 몸으로 힘을 주는 '키네스테틱Kinesthetic 앵커', 즉 '체각 앵커'라고 합니다.

앵커링은 몸에 기억장치를 붙여서 용기를 내어 행동하게 하는 기가 막힌 기술입니다. 앞에서 설명한 센터링과 마음의 중심을 잡는 면에서는 비슷하지만, 차이점이 있다면 몸에 기억장치를 붙인다는 것입니다.

다시 말해 깜깜한 방에 스위치를 켜면 불이 환하게 들어오는 것처럼 우리 몸에도 스위치를 다는 것입니다. 우리 스스로가 주먹을 불끈 쥐고 어깨를 펴고 당당하게 걸어가면 왠지 모르게 자신감이 생깁니다. 마음속으로 부모님이 했던 "너는 잘할 수 있어!"라는 말을 상기하고 시험을 보면 떨림을 줄일 수 있습니다. 경기 전에 누군가가 'V'자를 그려주면 자신감을 갖게 됩니다. 주먹을 불끈 쥐고, 용기 있는 말을 기억해내고, V자를 그리고 하는 이 모든 것이 모두 앵커링을 이용하는 것입니다.

과거 자신이 좋아했던 물건이나 사랑하는 사람들과 함께했던 사진들을 보면 그때의 느낌이 현재에 되살아나게 됩니다. 자신도 모르게 앵커링을 하고 있는 것이지요.

앵커링은 "자신의 내적 자원을 언제든지 이끌어낼 수 있는 기억 장치"라고 했습니다. 배에 닻을 내리는 것처럼 스스로 앵커를 걸려면 사람마다 다양한 방법으로 기억장치를 만들어볼 수 있습니다.

어떤 사람은 다리에 힘을 주고, 또 어떤 사람은 주먹을 쥐고, 또 어떤 사람은 성경 말씀을 기억하고 힘을 냅니다.

여러분은 어떻습니까?

웃을 일이 생겨야 웃는다고 말하지만, 그냥 억지로라도 웃는 연습을 자주 하면 진짜 기분이 좋아져서 웃는 일이 많이 생긴다고 합니다. 앵커링도 똑같이 자주 사용하면 늘 내적으로 여유 있는 상태를 유지할 수 있습니다.

자신감이 없다면 먼저 자신감 있는 태도를 취해봅시다. 어깨를 먼저 쫙 펴면 어깨를 오므린 자세보다 좀더 담대해지는 것을 느낄 것입니다. 어깨를 쫙 펴는 기억장치를 붙여 용기를 가지는 것이지요.

그렇다면 앵커는 언제 하는 게 효과적일까요?

그야말로 감정의 경험이 절정에 올라갔을 때입니다. 바다에 물이 없는데 닻을 내리면 배를 고정시키는 게 불안정합니다. 마찬가지로 변화의 의지가 조금도 없는데 앵커를 걸면 잘 걸리지 않습니다. 변화의 의지가 정점에 달했을 때, 감정이 고조되었을 때 앵커를 걸면 더 효과적입니다.

또한 앵커링이 잘 형성되게 하려면 어떻게 해야 할까요?

① 앵커링 상태에 있는지 아닌지 '정확성Precision'이 요구됩니다.
② 다른 동작 상태와 차별되는 '독특성Uniqueness'이 필요합니다.
③ 상황을 잘 맞출 수 있는 '타이밍Timing'이 중요합니다.
④ 너무 세거나 약하지 않은 '강도Intensity' 조절이 필요합니다.

앵커링을 쉽게 자신에게 적용할 수 있는 방법은 다음과 같습니다.

① 인생에서 가장 기뻤던 때(혹은 성취했을 때, 행복했을 때 등도 다 좋습니다. 좋은 결과를 가져오게 했던 내적 자원이 풍부했던 때)를 편안하게 떠

올려봅니다.

② 그때 무엇이 보이는지, 어떤 소리가 들리는지, 어떤 느낌이 느껴지는지 충분히 느껴보세요. 그 느낌이 몸의 어느 부분에서 느껴지나요?

③ 좋은 경험을 했을 때 그 느낌을 기억하고 몸에 그 느낌이 전해지면 표시해 두세요. 예를 들어 사랑하는 사람(부모, 배우자, 자녀 다 좋습니다)을 생각하면 마음이 기쁘고, 가슴이 따뜻해지고, 입가에 미소가 흐르지요. 그런 몸의 변화를 느껴보는 것입니다.

④ 당신에게 맞도록 시각, 청각, 촉각적으로 선택하여 앵커링을 할 수 있습니다.

실제 코칭에서는 이 앵커링 순서가 대단히 복잡하며, 혼자서 하기에는 조금 어렵습니다. 그래서 제가 앵커링에서 가장 중요한 기법들을 단순하게 만들어서 소개해보았습니다.

마지막으로 앵커링을 요약해보면, 필요에 따라 우리 안에 있는 내적 자원을 언제든지 끄집어내어 사용할 수 있도록 몸에 기억장치를 만들어 두는 것입니다.

내가 힘이 들 때, 시험을 받을 때, 낙심이 될 때 하나님의 성경 말씀을 기억해내는 것은 대단히 좋은 앵커링 방법입니다.

지금 여러분에게 가장 힘이 되는 하나님 말씀은 무엇입니까?

하나님은 우리에게 어떤 말씀을 주고 계십니까?

힘들다고 어렵다고 내가 나를 포기하면 남이 나를 붙들어주지 않습니다. 잘난 것이 없어도 단점이 많아도 자신의 가능성을 믿고 하나님을 붙들면 용기가 생깁니다. 꿈이 이루어집니다.

여호수아는 용기를 가지고 하나님의 사명을 완수한 사람입니다. 여호수아는 7년 동안 31개 나라와 왕을 멸망시켰는데, 그에게는 싸움에 대한 두려움이 전혀 없었습니다. 전쟁은 하나님께 속한 것임을 그는 믿음으로 확신하고 있었기 때문입니다.

이제 여호수아와 갈렙의 용기를 본받아 하나님의 비전을 이루어드리는 우리가 되기를 깊이 소망해봅니다.

말씀 묵상

백성들이 자녀들 때문에 마음이 슬퍼서 다윗을 돌로 치자 하니 다윗이 크게 다급하였으나 그의 하나님 여호와를 힘입고 용기를 얻었더라

「사무엘상」30장 6절

오직 나는 여호와의 영으로 말미암아 능력과 정의와 용기로 충만해져서
야곱의 허물과 이스라엘의 죄를 그들에게 보이리라

「미가」3장 8절

그가 그의 힘을 떨치며 용기를 다하여 큰 군대를 거느리고 남방 왕을 칠
것이요 남방 왕도 심히 크고 강한 군대를 거느리고 맞아 싸울 것이나 능히
당하지 못하리니 이는 그들이 계략을 세워 그를 침이니라

「다니엘」11장 25절

순수
순수하게 바라보라

우리에게는 누구나 참 순수한 갓난아이 시절이 있었습니다. 그때는 엄마가 우리에게 주는 젖만으로도 참으로 행복을 느끼던 시절이었습니다. 갓난아이들의 초롱초롱한 눈망울, 예쁜 옹알이… 보기만 해도 순수하고 예쁜 모습이지요.

그런데 나이가 들면서 이런저런 욕심들이 생겨나고 세상을 알아가면서 우리는 점차 순수함을 잃어버리고 세파에 찌든 힘겨운 삶을 살아갑니다.

그러나 우리는 순수한 하나님의 말씀을 통해 위로를 받습니다. 하나님을 만나는 사람들을 보면 영혼이 참 순수합니다. 우리가 온전히 죄를 회개하고 우리 마음이 참으로 순수한 상태가 되었을 때 그 때야 비로소 하나님을 만나게 됩니다.

이제 세상 유혹에 흔들리지 않는 '순수'에 대해 알아보겠습니다.

1 순수의 정의와 개인 사례

우리가 어떤 사람을 일컬어 "그사람 참 순수한 사람이야." 라고 할 때 순수하다는 말은 어떤 의미를 담고 있을까요? 사전적 의미로는 순수純粹란 전혀 다른 것이 섞이지 않은 상태, 사사로운 욕심이나 못된 생각이 없는 것을 말합니다. 순수하다고 하는 것은 그야말로 불순물이 섞이지 않은 상태를 말하지요.

저는 맨 처음 신앙생활을 하게 되면서 "어떻게 하면 하나님을 만날 수 있을까?" 고민을 한 적이 있습니다. 그때 많은 믿음의 선배들로부터 "어린아이같이 순수한 마음으로 하나님께 기도하라."는 말을 듣고 "어떻게 하면 어린아이와 같이 순수하게 기도를 한다는 말이지?" 하고 고민을 했습니다.

처음 하나님을 만날 때 저는 굉장히 힘든 시간을 보내고 있었습니다. 말로 형용할 수 없는 고통의 시간이었지요.

육체적 고통이 계속되던 어느 해, 죽으면 죽으리라는 각오로 하나님께 매달려보기로 작정하고 금식기도를 하며 간절히 부르짖었습니다. 죽음의 고통 끝자락에 와보니 깨닫게 되는 건 하나님의 은혜가 아니면 살 수 없다는 것이었습니다.

극심한 고통을 겪게 되니 정말 어린아이같이 하나님께 매달려 단순한 기도만 드리게 되었습니다. 그 기도 속에는 저의 욕심도 세상 자랑도 있을 수 없었습니다. 오직 하나님과 나만의 관계 속에서 어린아이처럼 매달려 부르짖기 시작했습니다.

"하나님, 살려만 주신다면 하나님의 일을 하겠습니다."

여기에 제 이야기를 다 소개할 수는 없지만, 제가 죽음 같은 고통의 시간을 보내는 그 순간 그야말로 순수한 입술의 고백이 나오기 시작했습니다. 저의 마음은 하나님을 만나야 한다는 절박한 심정에서 다른 불순한 생각을 할 수 없었습니다.

울면서 모든 죄를 회개하고 순수한 마음 상태가 되어 하나님을 내 안에 모셔들인다고 고백했을 때, 그때 비로소 살아 계신 하나님을 뜨겁게 만났습니다. 그날의 감격이 있었기에 오늘 저는 행복 코칭을 통해 이렇게 여러분과 만날 수 있었습니다.

지금도 가끔 이런 생각을 할 때가 있습니다.

'만약 내가 고통의 시간에 순수하게 하나님을 찾지 않았다면 지금 내 삶은 어떻게 되었을까?'

하나님은 정말 멋진 분이십니다. 누구든지 순수한 마음으로 하나님을 찾으면 만나주시며 놀라운 은혜를 베풀어주십니다.

먼저 다음의 코칭 질문 하나를 드리고 시작하겠습니다.

"나는 과연 하나님을 어린아이같이 순수한 마음으로 찾고 있는가?"

2 눈동자 접근 단서 Eye Accessing Cues

마음이 순수한 사람들을 알아보는 방법이 있습니다. 바로 그 사람의 눈을 보는 것이지요. "눈은 마음의 창"이라고 합니다. 우리는 가끔 어른들로부터 "내 눈은 못 속여!"라는 말을 듣습니다. 눈은 사람의 마음을 꿰뚫어보는 단서를 제공해줍니다. 코칭을 할 때도 피코치를 순수한 눈으로 바라보는 만큼 순수한 모습들을 발견할 수 있습니다.

미국 시카고 대학 심리학과 에크하드 헤스Eckhard Hess 교수는 "사람의 눈동자가 모든 내적 정보의 단서를 담고 있다."고 했습니다.

코칭에서는 눈동자의 움직임을 통해 그 사람의 내면의 단서를 파악해내는 '눈동자 접근 단서Eye Accessing Cues'라는 기법이 있습니다. 이것은 상대방 눈동자의 움직임을 통해 그 사람의 내적 심리 상태와 정서적 반응을 유추해냅니다.

마음이 매우 불안한 사람들의 눈을 보면 어떤가요? 대단히 불안정하게 왔다 갔다 하는 것을 볼 수 있습니다. 마음의 상태에 따라 눈동자가 움직인다는 것이지요.

코칭에서는 사람의 눈은 자신이 경험한 것을 그대로 반영하고 있다고 봅니다. 앞에서도 말했지만, "눈동자 접근 단서는 내면 상태의 움직임에 따라 눈동자가 규칙적인 상태로 반응하는 것"을 말합니다. 인간의 내적 경험이 눈동자의 움직임으로 그대로 나타나는데, 이것은 시각Visual, 청각Auditory, 체각Kinesthetic의 경험에 따라 다른 방향으로 움직입니다. 움직임의 방향을 잘 파악하고 있으면 피코치의 정서 상태나 심리 접근에 상당한 도움을 받을 수 있습니다. 거짓말 탐지기가 따로 필요없다는 것이지요.

자, 여기서 제가 질문을 던지면 여러분의 눈동자가 어느 방향으로 움직이는지 한번 느껴보시기 바랍니다.

① **첫 번째** 눈동자 움직임(안구 패턴 유인 질문) 질문입니다.

"과거 학창 시절에 가장 기억에 남는 일은 무엇입니까?"
"초등학교 시절에 소풍 갔을 때를 기억해보시겠습니까?"

지금 제가 과거 시절의 질문을 던져보았는데, 눈동자가 어느 방향으로 움직였나요?

대부분 눈동자가 위로 가는 것을 느끼셨을 것입니다. 물론 눈동자의 움직임이 사람마다 동일할 수는 없습니다. 그러나 통계적으로 시각, 청각, 체각의 경험에 따라 눈동자의 움직임이 거의 비슷하게 나타나기 때문에 눈동자 접근 단서와 같은 기술이 소개된 것입니다.

　조금 전 과거 학창 시절에 가장 기억에 남는 일을 물었을 때 눈동자가 위로 간 분들 중에 혹시 어느 쪽으로 움직였는지 알 수 있을까요? 오른쪽, 아니면 왼쪽?

　과거의 기억에 대한 눈동자의 방향은 대부분 '왼쪽 위'로 움직입니다. 그래서 상대방의 눈동자를 보고 어떤 질문을 던졌을 때 눈동자가 왼쪽 위로 갈 때는 "무엇인가 과거의 기억을 찾고 있구나." 하고 유추해볼 수 있습니다.

　그러나 눈동자 움직임의 방향이 고정되어 있는 것이 아니기 때문에 고도의 훈련이 필요합니다. 전문가들도 오랜 숙련을 통해서 보다 정확하게 단서를 잡아내는 훈련을 합니다.

② 이번에는 **두 번째** 눈동자 움직임 질문을 드리겠습니다.

　　"크고 작은 십자가가 세 개 달린 교회를 그려보세요."
　　"단추가 다섯 개 달린 옷을 입고 있는 내 모습을 그려보세요."

자, 어떠세요? 이번에는 어느 쪽으로 눈동자가 움직였나요? 잘 모르겠다면 다시 한 번 질문을 드려볼까요?

"바퀴가 열 개 달린 자동차를 그려보세요."
"5년 후 당신은 어떤 모습입니까?"

눈동자 접근 단서에서는 구성된 이미지, 그러니까 머릿속으로 그려보고 계산하고 뭔가 계획할 때와 미래의 이미지를 그려볼 때는 눈동자가 오른쪽 위로 움직입니다.

오른쪽 위로 움직이는 눈동자와 관련해서 겪은 아주 재미있는 경험 하나가 있습니다. 몇 년 전 상가 분양을 할 때 선량한 사람에게 피해를 입힌 사람의 눈동자를 관찰한 적이 있습니다. 이 사람은 피해를 입은 사람이 어떤 질문을 하면 그 질문에 답을 하면서 눈동자가 끊임없이 오른쪽 위로 올라가는 것을 관찰할 수 있었습니다.

그 사람은 자신이 거짓말을 하고 있다는 것을 상대방이 알 리 없다고 생각했을 것입니다. 하지만 저는 옆에서 그 사람의 행동을 캘리브레이션하면서 눈동자의 움직임을 통해 그 사람이 자신이 사기 친 것을 무마하기 위해 머릿속으로 끊임없이 변명거리를 찾고 있음을 알 수 있었습니다.

눈동자의 움직임을 보면 그 사람의 말이 진실인가를 아는 데 도움을 줍니다. 특히 눈동자가 오른쪽 위 방향으로 규칙적으로 움직인다면 무언가 그 사람이 머릿속으로 구상하고 있다는 것을 짐작해 볼 수 있습니다.

그러나 여기서 조금 조심스러운 것은 하나의 단편적 현상만을 가지고 섣부른 주관적 판단을 내리지 않도록 해야 한다는 것입니다. 눈동자의 움직임에 대한 통계적인 연구 결과를 가지고 설명하고 있지만, 눈동자의 움직임은 평균에서 먼 예외적인 상황의 사람들도 있다는 것을 다시 한 번 참고로 밝혀두고 싶습니다.

③ **세 번째** 눈동자 움직임 질문입니다.

"과거 휴대폰 벨소리를 기억해보세요."
"당신 집의 어느 문이 가장 크게 소리를 냅니까?"

우리가 몸의 구조와 신체의 반응을 살펴보면 우리 몸은 대단히 과학적이라는 것에 감탄하게 됩니다. 우리가 과거의 소리를 기억해낼 때 우리의 눈동자는 어떻게 반응할까요?

지금 과거 휴대폰 벨소리와 문소리를 물었습니다.

자신의 눈동자가 어느 방향으로 움직였는지 기억해내셨는지요?

눈동자 접근 단서 기술에서는 과거의 기억된 소리는 왼쪽 옆으로 움직인다고 보고 있습니다. 사람의 눈동자는 무의식적으로 소리에 대해 귀 쪽으로 움직인다는 것이지요.

④ **네 번째** 눈동자 움직임 질문입니다.

"가까운 장래에 당신이 원하는 시험에 합격한다면 주변에서는 어떤 소리들이 들릴까요?"

"만약 3년 안에 당신이 원하는 꿈이 이루어진다면 그때 어떤 소리들을 들을까요?"

우리는 미래에 대한 꿈을 가지고 있습니다. 그 꿈은 사람마다 다르지만, 대부분의 사람들은 꿈이 실현되었을 때 주변 사람들로부터 축하를 받고 싶어 합니다.

만약 가까운 장래에 그토록 원하는 시험에 합격한다면, 혹은 바라던 꿈이 이루어진다면 주변에서 어떤 말들을 듣게 될까를 생각해 본다면 우리의 눈동자는 바로 오른쪽 귀 옆쪽으로 반응을 하게 됩니다.

그러니까 미래에 우리가 어떤 축하를 듣는다고 가정할 때 "정말 축하해", "정말 수고 많았구나", "얼마나 고생을 했니", "정말 자랑스럽다" 등등 우리가 들을 사람의 소리에 대한 우리의 신체 반응은 눈동자가 오른쪽 귀 옆으로 순간적으로 움직인다는 것이지요.

이제 사람의 소리에 대한 눈동자 반응은 양쪽 귀 방향으로 무의식적으로 움직인다는 것을 알 수 있을 것입니다. 즉, 과거의 기억되어 있는 소리는 왼쪽 옆, 다가올 미래의 구성된 소리는 오른쪽 옆이라는 것을 기억하시면 됩니다.

⑤ **다섯 번째** 눈동자 움직임 질문입니다.

"추운 겨울 차가운 얼음물 속에 빠졌다면 그 느낌이 어떨까요?"

"새콤한 레몬주스 한잔을 마셨다면 그 느낌은 어떨까요?"

이 질문에 여러분의 눈동자는 순간적으로 어떻게 반응했나요? 어떤 말을 듣고 우리의 신체가 반응하는 것을 보면 참 재미있습니다. 새콤한 레몬주스를 생각했는데 어느새 입속에 침이 고이는 경험은 행복 코칭 2장에서 다루었습니다. 신경과 언어는 연결되어 있지요. 자신에게 기억되는 느낌, 몸의 감각에 대한 눈동자 움직임은 오른쪽 아래로 움직입니다.

⑥ **마지막** 눈동자 움직임 질문입니다.

마지막 질문은 질문에 대한 답이 오래 걸리기 때문에 원하는 눈동자 움직임을 관찰하기까지 시간이 필요합니다. 왜냐하면 내적 대화에 대한 질문이기 때문입니다.

"당신은 어떤 사람입니까?"
"당신에게 행복은 어떤 의미입니까?"

이런 질문을 던졌다고 합시다. 이 질문에 답을 하기 위해서는 조금 진지하게 생각해보아야 합니다.

우리는 무심코 방문을 열었는데 누군가가 골똘히 뭔가를 생각하고 있는 모습을 보면 방해가 되지 않게 조용히 방문을 닫아주게 됩니다. 이때 깊이 생각에 빠져 있는 사람들의 눈은 어느 쪽을 향하고 있을까요?

생각 초기에는 눈동자 방향이 위로 가 있었다가 생각이 깊어지면 눈동자는 점점 아래로 흐른다고 합니다. 자기 자신에 대해 깊이 있는 내적 대화를 하게 되면 눈동자는 왼쪽 아래로 떨어집니다.

즉, 사람의 내적 대화에서는 눈동자가 왼쪽 아래로 움직입니다.

지금까지 눈동자에 대해서 살펴보았습니다. 그동안 아무 생각 없이 눈동자에 대해 무관심했는데 이 내용을 보고 사람의 눈에 대해 관심을 가져본다면 재미있는 일이 많을 것입니다.

다시 한 번 정리를 해보면, 과거의 기억된 이미지는 왼쪽 위, 미래의 구성된 이미지는 오른쪽 위, 소리는 양쪽 귀 그중에서 과거의 기억된 소리는 왼쪽 귀, 미래의 구성된 소리는 오른쪽 귀 방향입니다. 그러니까 과거에 대한 눈동자의 반응은 대체로 왼쪽, 미래에 대한 눈동자의 반응은 대체로 오른쪽으로 움직인다는 것을 기억해놓으면 됩니다. 그리고 사람에게 기억되는 느낌과 체각은 오른쪽 아래, 깊이 있는 내적 대화를 할 때는 왼쪽 아래입니다.

눈동자 접근 단서는 눈동자의 움직임 패턴을 통계적으로 정리한 것이기 때문에 모든 사람의 눈동자가 100% 완벽하게 그 패턴대로 움직이지는 않습니다. 그러나 그 사람의 내적인 정보와 정서 상태를 파악하는 데 눈동자 접근 단서가 도움을 주므로 여기에 소개해 보았습니다.

순수와 관련해 눈동자 접근 단서에 대해서 살펴보았는데, 우리가 어떻게 생각하느냐에 따라 신체도 우리가 의식하지 못하는 상태에 규칙적으로 반응한다는 사실만으로도 하나님의 창조 섭리에 놀라지 않을 수 없습니다.

요즘 많은 분들이 정말 경제적으로나 교육문제로 어려움을 겪고 있습니다. 정말 순수하게 어린아이와 같이 하나님께 부르짖어 기도해야 하는 시기가 아닌가 생각하게 됩니다.

"하나님의 도는 완전하고 여호와의 말씀은 순수하니 그는 자기에게 피하는 모든 자의 방패시로다"라는 「시편」 18편 30절 말씀을 기억하면서 순수한 하나님의 말씀을 붙잡고 기도하여 승리하는 우리가 되기를 간절히 바랍니다.

말씀 묵상

주의 말씀이 심히 순수하므로 주의 종이 이를 사랑하나이다

「시편」 119편 30절

그들은 나의 매임에 괴로움을 더하게 할 줄로 생각하여 순수하지 못하게 다툼으로 그리스도를 전파하느니라

「빌립보서」 1장 17절

배려
남을 생각하는 마음

앞에서 코칭과 관련되어서 갖가지 코칭 기술과 하나님의 말씀을 조금씩 적용해 우리를 향한 하나님의 목적과 비전이 무엇인지 생각해보았습니다.

인생에는 정말 많은 행복과 기쁨이 있다고 하지만, 주님이 나와 함께 동행하고 있음이 인생 최고의 행복이요 기쁨이 아닌가 생각해봅니다.

우리는 우리 마음속에 행복이 가득하면 다른 사람에게도 행복을 전하고 싶은 마음이 듭니다. 이제 다른 사람에게 좀 더 마음을 써줌으로써 함께 행복을 느끼는 '배려'에 대해 살펴보겠습니다.

1 배려의 정의와 현대적 의미에서의 코칭의 시작

저는 개인적으로 영화 보기를 참 좋아하는데, 여러분은 어떤가요? 영화를 볼 때 다른 사람에게 방해되지 않도록 미리 전화기를 꺼두는 것이나, 공공장소에서 전화를 받을 때 목소리를 낮추는 행동 등은 상대방에 대한 배려 있는 자세들이지요. 배려Consideration는 "다른 사람을 도와주거나 보살펴주려고 마음을 쓰거나 불편함이 없도록 남을 생각하는 마음"을 말합니다.

불편함이 없도록 각별히 배려하는 마음은 상대방의 마음을 열어줄 뿐만 아니라 두고두고 고마움을 느끼게 하지요.

코칭[4]은 1980년대 초반에 미국에서부터 시작되었는데, 그 발단은 재무설계사였던 토마스 레오나드Thomas J. Leonard라는 사람이 고객의 필요를 도와주면서 부터였습니다. 토마스 레오나드는 고객을 만나면서 고객들의 행복하고 의미있고 풍요로운 삶을 위해 도움이 필요하다는 것을 발견했습니다.

고객들은 레오나드를 통해 그들이 진정으로 원하는 것이 무엇이고, 그것을 이루기 위해 어떻게 할 것인지에 대한 답을 스스로 찾았고 만족해했다는 것입니다. 그들 중 한 고객이 다른 사람에게 불편함이 없도록 각별히 마음을 써주고 배려하는 레오나드에게 마치 훌륭한 선수들을 잘 코치하는 스포츠 코치 같다고 칭찬을 했습니다. 이것을 계기로 현대적 의미의 코칭 개념이 생겨나게 되었습니다.

지금 이 순간 우리의 도움을 필요로 하고 우리가 마음을 써야 할 대상은 누구일까요?

2 지각 입장 바꾸기 | Position Change

인간관계에서 가장 중요한 것이 무엇일까요?

---

4) 코칭은 1980년대 재무설계사였던 토마스 레오나드(Tomas Leonard)에게 대화를 통해 신뢰를 가졌던 고객이 그를 '코치(Coach)'라고 부르면서부터 시작되었다. 1987년에 매니지먼트 세미나가 개최되어 미국을 대표하는 코치들이 코칭 기술에 대해 다루기 시작했다.
토마스 레오나드가 1992년에 최초의 전문코치교육기관인 코치유(Coach U)를 설립하였고, 1994년에는 국제적 코치를 양성하기 위해 비영리단체인 국제코치연맹 ICF(International Coach Federation)을 설립하였다.
1998년 경영과 비즈니스 코칭 산업의 세계적 확산을 위해 국제코치협의회 ICC(International Coaching Council)가 발족되었으며, 2001년에는 ICF 국제인증 코치 트레이닝 프로그램인 ACTP(Accredited Coach Training Program)가 개설되었다. 2003년에는 코칭 프로그램의 국제 인증제 실시, 국제 코치 인증제 실시를 강화하기 위해 코치 인증 기관인 국제코치협회 IAC(International Association of Coaching)가 설립되었다.

아마도 상대방의 입장을 이해하는 것이겠지요. 남을 생각하는 마음, 배려는 혼자만의 노력으로는 힘이 듭니다. 어떤 관계든 모두 상대적이지만, 우리가 상대방을 어떻게 바라보느냐에 따라 인간관계는 매우 달라집니다.

베리 스티븐스Barry Stevens라는 사람이 "사람들을 바꿀 수 있는 한 가지 길은 그들을 다른 시각으로 바라보는 것이다."라는 말을 했습니다. 다른 사람이 불편하지 않도록 미리 마음을 쓰는 것은 우리의 일상에서 매일 부딪치는 일입니다.

가족들과의 생활에서도 마찬가지입니다. 예를 들어 결혼을 해서 분가한 아들에게 시어머니가 날마다 전화를 해서 아들과 통화를 너무 길게 하면 새 며느리는 불편함을 느끼지요. 센스가 있는 시어머니라면 아들이 '부부 중심'으로 살아갈 수 있도록 배려해주어야 합니다.

또 식당에서 가족 식사를 하게 될 때 부모님이 잘 드시는 음식을 가까이 놓아드린다거나, TV를 볼 때 일방적으로 리모컨을 빼앗아 채널을 돌리는 게 아니라 다른 채널을 돌려도 되는지 물어보는 것도 모두 일상에서 배려를 실천하는 것이라 할 수 있습니다.

어찌 보면 배려는 상대방의 입장에서 그들이 불편하지 않도록 마음을 써주는 사랑의 실천이라고 할 수 있는데, 코칭에서는 상대방의 입장에서 생각해보는 코칭 기술이 있습니다. 입장을 바꿔 생각해 보는 포지션 체인지Position Change, 즉 '지각 입장 바꾸기'라는 기술입니다. 이 포지션 체인지의 개념은 "내 입장이 아닌 타인의 입장에서 생각해볼 수 있도록 지각 위치를 바꿔보는 기술"입니다.

다시 말하면 이것의 목적은 자신과 타인의 갈등 관계를 제3자의 객관적 입장에서 충분히 느껴보고 자신과 타인의 감정을 이해하도록 돕는 기술입니다. 포지션 체인지는 머리로는 상대방의 입장을 생각하고 문제 해결을 시도한다고 하지만 갈등 해결이 쉽지 않은 사람들에게 실제로 자리를 옮겨가며 온몸으로 상대방의 입장을 느껴보게 함으로써 기대치 못한 효과를 가져오게 하는 기술입니다.

인간관계에서 갈등이 생기면 흔히 "입장 바꿔 생각해보라"는 얘기를 합니다. 상대방의 입장에서 생각한다고는 하지만, 갈등이 생기거나 화가 나면 쉽게 풀어지지 않습니다. 그리고 상대방의 입장을 이해한다고 해도 한계를 느낍니다. 그렇게 혼자서는 해결하기 힘들 때 이 포지션 체인지, 즉 지각 입장 바꾸기 기법을 사용해보는 것입니다.

실제 코칭 세션에서는 활동 순서가 다소 길어 진행하는 코치 입장에서 진행상 혼돈이 될 수 있으나, 양자의 입장(1, 2차 지각 위치)과 관찰자(3차 지각 위치)의 입장을 순서대로 몇 번 반복하다 보면 수월하게 진행할 수 있습니다. 다시 말하면 나와 너의 입장, 그리고 객관적인 관찰자의 입장에서 확인하는 과정을 거치면 됩니다.

지각 위치 바꾸기의 목적은 그 사람 되어보기와 제3자의 입장에서 객관적으로 보기를 통하여 자신의 감정과 타인의 감정을 충분히 체험하도록 돕는 데 있습니다. 한마디로 타인의 입장에서 생각하고 그 감정까지 온몸으로 느껴보는 훈련을 말합니다. 이것은 스스로 셀프 코칭을 할 수도 있고, 다른 사람이 활동 순서대로 할 수 있도록 코치 역할을 하면서 상대방을 도와줄 수도 있습니다.

먼저 지각 위치 바꾸기는 세 가지 다른 관점을 취할 수 있어야 합니다.

① 1차 지각 위치는 나의 관점, 즉 자신의 목표 · 가치 · 관심사입니다.
② 2차 지각 위치는 상대방의 관점입니다.
③ 3차 지각 위치는 나도 상대방도 아닌 객관적인 관찰자의 관점입니다.

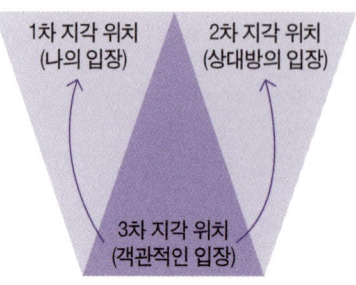

| 지각 입장 바꾸기 |

　좀더 자세하게 말하자면, 1차 지각 위치는 자기 개인의 견해를 나타내는 입장입니다. 자신은 자기의 개인적 신념과 가치관을 형성하도록 이끈 평생의 경험을 가지고 있습니다. 자신이 느끼는 느낌과 의견은 1차 입장에서는 절대적으로 중요합니다.

　1차적 입장에서 다른 사람의 행동을 이해하고 독립적인 사람으로서 그 행동이 내게 어떤 영향을 주는가를 지각하게 됩니다. 나 자신의 개인적 마음이 있고, 꿈이 있고, 소원이 있습니다. 1차 지각 위치는 내 주변이나 정체감의 경계 등이 형성되고 유지되는 곳입니다.

　2차 지각 위치에 있다는 것은 다른 사람의 견해와 입장에 서 있다는 것입니다. 2차 입장은 내가 상호 관계를 맺는 사람들의 의견, 신념, 가치관, 느낌 등을 지각한 후에 가능한 것입니다. 주변에 있는 사람들이 나를 어떻게 생각하고 있는가는 2차 지각 위치에 있으면 직접 탐험하게 될 것입니다.

"다른 사람의 신발 속에 발을 넣어 걷고 있는 느낌"이라는 구절은 2차 입장에서 나옵니다. 누가 "내가 만약 너였더라면…" 하고 말했다면 이 사람은 2차 입장에서 나와 이야기하는 것입니다. 2차 입장은 "다른 사람의 눈으로 보는" 상대방의 입장을 취하려 하며 그 느낌을 알려고 하는 것입니다.

3차 지각 위치는 나와 너가 아닌 객관적 제3자의 입장입니다. 흔히 관찰자의 입장이라고도 할 수 있는데, 이 입장은 분리되고 관조가 된 입장이나 내가 나와 다른 사람의 느낌에서 떠날 때 가능합니다. 이렇게 하여 내가 나와 다른 사람을 관계하는 패턴입니다. 큰 그림을 볼 수 있어 눈이 열려지게 합니다.

3차 입장의 목적은 중립적이고 객관적인 견해를 취하게 하고 큰 전체의 부분으로 일을 볼 수 있게 하는 것입니다. 만일 내가 어떤 감정적으로 얽매인 상황과 당면한다면 나는 3차 입장에 있지 않은 것입니다.

활동 순서를 요약해서 정리해보면 다음과 같습니다.

실제 코칭 활동 순서는 복잡하고 대단히 길기 때문에 약식으로 활용할 수 있도록 최대한 줄여서 설명하겠습니다.

먼저 '지각 입장 바꾸기' 활동을 하려면 의자 두 개가 필요합니다. 나의 입장에서 앉을 의자와 상대방의 입장에서 앉을 의자입니다. 이 두 의자를 나란히 마주 보게 놓아둡니다. 3차 지각 위치는 의자를 두어도 좋고 없어도 상관없습니다. 관찰자의 입장은 나의 입장과 상대방의 입장을 바라볼 수 있는 곳에 정하면 됩니다.

① 1차 지각 위치와, 2차 지각 위치, 3차 지각 위치에 삼각으로 각각 의자를 배치해 놓고 피코치에게 이를 인지시킵니다. 1차 지각 위치와 2차 지각 위치는 의자 두개를 서로 마주 보게 나란히 놓고, 객관적 위치인 3차 지각 위치는 두 위치를 객관적으로 바라볼 수 있는 제3의 위치를 정하면 됩니다. 일반적으로는 1, 2, 3차 지각 위치가 삼각형 모양이 되도록 만듭니다.

코치 자, 이곳이 1차 지각 위치고 여기가 2차 지각 위치, 저기는 3차 지각 위치입니다.

② 불편한 관계에 있는 그 사람이 앞에 앉아 있다고 생각하고 그에게 하고 싶었던 말을 해보게 합니다.

코치 지금 그 사람이 당신 앞에 있다고 생각하고, 평소 하고 싶었던 말을 해보세요.

③ 1차 지각 위치, 즉 나의 입장에서 하고 싶은 말을 다했으면 그 감정을 그대로 두고 3차 지각 입장에서 객관적으로 자신을 바라보도록 합니다.

코치 그 사람에 대한 감정을 이곳(1차)에 그대로 두고 3차 입장에 오셔서 자신을 바라보시기 바랍니다. 자, 어떤 모습의 당신이 보입니까?

④ 피코치를 2차 지각 위치의 의자로 옮긴 다음 다른 사람의 입장이 되도록 합니다. 그 사람이 그 문제에 대해서 1차 지각 위치에 있는 피코치를 어떻게 바라보고 느끼는지 물어봅니다. 상대방의 입장에서 나에게 하고 싶은 말을 다 해보게 하는 것입니다.

코치 이제 당신은 그 사람이 되었습니다. 그 사람의 입장에서 당신을 바라봐주시기 바랍니다. 그 사람이 당신과의 문제에 대해 당신에게 하고 싶었던 말을 1차 지각 위치를 바라보고 말씀해보세요.

⑤ 다시 3차 지각 위치로 데리고 온 다음 객관적으로 바라보도록 합니다.

코치 자, 1차 지각 위치에 있는 사람은 누구지요? 2차 지각 위치에 있는 사람은 누구지요?

⑥ 다시 1차 지각 위치로 돌아가 처음의 느낌과 활동 이후의 느낌이 어떻게 달라졌는지 물어봅니다.

코치 처음 이 활동을 시작할 때 관계가 불편했던 그 사람에 대한 느낌에 변화가 있었나요? 변화가 있었다면 어떤 점인가요?

지각 위치 바꾸기 활동을 다시 한번 요약하자면, 먼저 나의 입장에서 상대방에게 하고 싶은 말을 해보고, 그다음에는 제3의 입장에서 객관적으로 다시 한 번 나를 봅니다. 그런 다음 다시 상대방이 되었다 생각하고 상대방의 입장에서 다 말하게 한 후 제3의 입장에서 다시 객관적으로 본 다음, 처음 나의 입장에서 다시 상대방을 바라보게 하는 것입니다.

여기서 핵심은 상대방의 입장에 서서 직접 상대방의 눈으로 나를 바라보고 얘기하면 매우 다른 시각을 갖게 된다는 것입니다. 실제로 임상에서 피코치들을 만나 이 활동을 실시해보면 많은 분들이 눈물을 흘립니다.

관계가 소원해진 부부, 우정이 깨진 친구, 고부 갈등을 일으키는 시어머니와 며느리, 직장에서 원수가 된 선후배 사이 등 갈등 관계에 있는 사람들이 지각 위치 바꾸기를 하고 나면 하나같이 이렇게 고백하는 것을 보게 됩니다.

"어, 진짜 신기하네요. 머리로만 그 사람의 입장을 생각해본다고 했는데, 직접 위치를 바꿔가며 그 사람의 입장에서 말하고 나를 바라보니 그 사람의 입장이 충분히 이해가 돼요."
"그 사람도 많이 힘들었겠어요."
"한마디로 불쌍해 보여요."

지금 여러분도 관계가 불편한 사람들을 생각할 때 머릿속으로만 그들의 입장을 생각해보지 말고 당장 의자를 가져다가 한번 그 사람의 입장에서 자신을 바라보세요. 그리고 그 사람이 나를 바라본다고 생각하고 그 사람이 나에게 말하고 싶을 것으로 생각되는 말들을 직접 나에게 해보세요.

물론 우리가 상대방의 입장일 것으로 추측하고 말해보는 것이 상대방의 실제 생각과는 다를 수 있겠지요. 그러나 이 지각 입장 바꾸기를 해보는 목적은 상대방을 이해하기 위한 것입니다. 상대방을 바라보는 눈이 달라지면 그 사람과의 관계의 경험 구조가 바뀝니다. 늘 좋지 않았던 구조적 모순이 다시 좋은 관계의 그림으로 바뀝니다. 한번 실천해봅시다.

주님은 우리에게 해가 지도록 분을 품지 말라고 하셨습니다. 상대방을 먼저 생각하는 마음, 배려는 모든 인간관계를 행복하게 해주는 지름길입니다.

말씀 묵상

엘리사가 자기 사환에게 이르되 너는 그에게 이르라 네가 이같이 우리를 위하여 세심한 배려를 하는도다 내가 너를 위하여 무엇을 하랴 왕에게나 사령관에게 무슨 구할 것이 있느냐 하니 여인이 이르되 나는 내 백성 중에 거주하나이다 하니라

「열왕기하」 4장 13절

이해
깨달음의 미학

　자녀들을 키우면서 자녀들에게 질문을 받으면 어른들은 대부분 쉽게 답할 수 있는 것이라 생각하지만, 막상 어린아이들의 질문에는 쉽게 답을 할 수 없는 질문들이 참 많습니다.
　예를 들어 이런 질문들이지요.

　　"하나님이 계신 걸 어떻게 아나요?"
　　"하나님은 어떻게 생기셨어요?"
　　"예수님은 왜 결혼을 안 했어요?"

아이들이 그 조그만 머릿속에 무슨 생각을 담고 있는지 어른들의 눈으로는 이해하기 힘들 때가 많습니다. "내 아이니까 내가 다 안다"고 자신하는 부모도 있겠지만, 어느 누구도 내 아이를 온전히 이해한다고 말할 수는 없습니다. 이것은 부부관계도 마찬가지지요. 어찌 보면 인간관계 전부가 이해를 필요로 하지만 서로를 이해하지 못해 갈등을 겪는 것을 보면 상대를 이해하는 데도 기술이 필요하다는 생각을 하게 됩니다.

1 부부간의 이해 ─ 정의 및 코칭 대화 모델

이 세상에는 참으로 많은 부부들이 있습니다. 서로 모르는 남녀가 만나 부부의 인연을 맺고 인생을 살아간다는 것은 참으로 신기하기까지 합니다. 어떤 부부에게는 만남의 인연이 평생의 행복이지만, 또 어떤 부부에게는 결혼 생활이 유지하기가 힘든 불행의 연속일 수도 있습니다. 또 어떤 부부는 잠시 인연을 맺었다가 갈라서는 아픔을 겪기도 합니다.

행복한 부부 생활을 하는 분들을 만나 비결을 물어보면 서로 이해하고 노력하며 산다는 말을 많이 합니다. 또 이혼한 사람들을 만나 보면 서로 성격이 안 맞아서 헤어졌다는 말을 많이 합니다.

　결혼 문제 전문가인 클리포드 노테리어스Clifford Notarious와 하워드 마크맨Howard Markman에 따르면, 부부들의 고통스러운 논쟁을 세 가지 유형으로 분류할 수 있다고 합니다.

① 욕을 해대며 서로를 위협하는 부부
　싸울 때 "너 두고 봐! 어떻게 그럴 수 있어? 내가 이번에 그냥 넘어가나 봐라!" 하며 위협하는 부부가 있습니다.
② 씩씩 대며 화를 억지로 참는 부부
　화가 나서 분노를 가라앉히느라 힘들어 하는 부부로 "으이그!" 하고 가슴을 치면서 화를 어떻게 풀어야 할지 모르는 부부를 말합니다.
③ 마음속에 있는 것을 솔직하게 표현하면서도 서로에게 상처가 되지 않도록 말하는 부부
　정말 이런 부부는 대화가 잘 통하는 부부지요. 싸울 일도 대화를 통해 잘 풀어내고 지혜롭게 위기를 넘기는 부부입니다.

어쨌든 클리포드와 하워드는 수십 쌍의 부부를 관찰하고 앞으로 10년 내에 이들이 이혼할 것인지 안 할 것인지를 예견했다고 합니다. 10년이 지난 후 알아본 결과, 클리포드와 하워드가 이혼할 것이라고 예견한 부부의 90%가 실제로 이혼했음이 밝혀졌습니다.

이미 짐작했겠지만, 끝까지 원활한 부부 관계를 유지할 수 있었던 부부는 서로의 생각을 솔직하게 말하면서도 상대방을 존중해주는 부부였다고 합니다. 반면 대화를 원만하게 하지 못한 부부들은 이혼했다고 합니다.

얼마 전에 제가 잘 아는 어느 여자 집사님 한 분과 만나 대화를 나누었습니다. 그분은 15년 전 남편과 이혼하고 신앙으로 그 아픔을 극복하며 혼자 사시는 분인데, 이런 말을 하셨습니다.

"지금 와서 생각해보면 남편의 실수도 얼마든지 이해하고 넘어갈 수 있는 부분이었는데, 그 당시엔 참지를 못했지요. 서로 간에 대화가 없었던 것이 더 오해를 불러일으켰던 같아요."

이렇듯 부부간의 대화는 결혼의 행복과 불행을 좌우할 만큼 대단히 중요한 부분입니다. 그리고 부부간의 대화에도 반드시 지켜야 할 법칙이 있습니다.

먼저, 상대방의 말을 무시하지 않는 태도를 보여야 하고, 잘못을 가급적 빨리 용서해주며 화해를 해야 합니다.

또한 일방적인 비난이나 판단은 하지 않고 작은 일에도 칭찬하는 습관이 필요합니다. 부부간에 공통된 취미 생활을 하거나 가끔씩 문자 메시지와 이메일, 편지도 주고받습니다. 상대방이 피곤하거나 예민해 있을 때는 절대로 심각한 자기 주장을 펴지 않습니다.

부부 대화를 시도할 때는 간단하게 "오늘 우리 어떤 얘기를 나눌까?" 정도로 가볍게 시작하고, 서로를 이해하려는 태도를 일관성 있게 유지하는 것이 중요합니다. 서로의 생각이 다르다고 해서 쉽게 흥분하거나 화를 내서는 원만한 부부 대화를 이끌어가기가 어렵습니다.

부부 대화는 상대방을 믿어주고, 공감해주고, 잘 경청해주고, 인정해준다면 그 자체가 모두 부부 코칭입니다.

코칭의 시작은 상대방을 인정해주는 데서 출발합니다. 코칭은 상대방에게 무한한 잠재력이 있다고 믿고 지지하며 격려를 통해서 최상의 성과를 낼 수 있도록 도와주는 것이지요. 부부간의 부부 코칭을 통해 최상의 효과를 낼 수 있기를 기대합니다.

여기서 우리가 크리스천으로서 한번 생각해볼 것이 있습니다.

「에베소서」 5장 17절에 보면 "그러므로 어리석은 자가 되지 말고 오직 주의 뜻이 무엇인가 이해하라"고 하였습니다. 주님은 우리와 주님의 관계를 신랑-신부의 부부 관계로 보았습니다. 신랑 되신 주의 뜻이 무엇인지 이해하기 위해서는 원활한 소통이 필요합니다.

"우리의 신랑 되신 예수 그리스도와 신부인 우리의 대화는 어떠한가요?"
"기도를 통해서 예수님과 얼마나 자주 소통하고 있나요?"
"신랑 되신 예수님을 우리는 얼마나 이해하고 있나요?"

2 자녀와의 이해—아동의 발달 특성 이해

요즘의 부모들은 자녀를 키우면서 어떻게 양육해야 하는지 참 고민스러울 때가 많습니다. 크리스천이라 할지라도 자녀를 시대에 뒤떨어지지 않고 하나님의 자녀로 올바로 양육하는 것에 대해 부담을 갖게 됩니다. 특히 요즘 아이들은 자기 또래만의 문화가 있어서 좀처럼 어른들이 아이들을 이해하기가 쉽지 않습니다.

「에베소서」 6장 4절에 "아비들아 너희 자녀를 노엽게 하지 말고 오직 주의 교훈과 훈계로 양육하라"는 말씀이 있습니다. 여기서 양육은 헬라어로 명사형의 파이듀오paideuo와 동사형의 파이데이아paideia인데, 이 두 단어는 양육 또는 훈육이라는 의미로 번역되며, 여기에는 교육과 징계의 의미가 포함되어 있습니다.

교육은 가르친다는 의미이고, 징계는 바르게 함이라고 합니다. 가르친다는 의미는 매우 적극적인 의미로 사용되고 있는데, "단순히 아이를 하나님께 인도하도록 가르치는 것뿐만 아니라 아이가 스스로 그리스도 중심으로 살아가도록 훈련한다"는 의미도 포함하고 있습니다. 또 징계는 "자녀 학대의 의미가 아니라 아이가 바람직한 행동을 할 수 있도록 방향을 잡아주는 것"을 말합니다.

그러나 실상 아이들을 키우면서 주의 교훈과 훈계로 양육한다는 것에 대해서는 부모로서 늘 자신이 없습니다. 그래서 요즘은 부모 교육에 대한 관심도 날로 늘어나고 있습니다.

자녀의 세계를 좀더 이해하기 위해서는 아이들과 평소 라포가 잘 형성되어 있어야 합니다. 앞에서 신뢰로운 관계를 맺기 위한 것으로 어떤 기술들이 있다고 했나요?

부모가 아이들과 정서적인 유대감을 갖고 대화가 잘 통하기 위해서는 서로 간에 이해가 필요합니다. 부모는 자녀의 입장에서, 자녀는 부모의 입장에서 서로를 이해하는 것이 필요하지요. 그런데 요즘처럼 대화가 부족한 가족 형태에서는 가족 간의 이해를 끌어낸다는 것이 참 어렵습니다.

코칭에서 짧은 시간을 만나도 서로 간에 유대감을 높여주고 친밀감과 결속력을 높여주는 기술이 있다고 앞에서 설명했습니다. 예를 들면 상대방과 속도를 맞추는 페이싱이 있지요. 페이싱은 부모가 자녀에게 부모의 속도대로 맞춰달라고 하는 것이 아니라 자녀의 속도에 부모가 맞추는 것입니다.

자녀와 눈높이를 맞추고, 그들의 말에 귀를 기울여서 맞장구를 쳐주고, 자녀들의 감정에도 공감하는 자세는 친밀감을 형성하는 데 더없이 중요합니다. 자녀에게 속도를 잘 맞춰주는 페이싱을 잘 적용하면 서로 간에 이해는 저절로 생겨납니다.

또 더 강한 결속력이 필요할 때는 아예 아이와 동일한 행동을 해봄으로써 친밀감을 높여주는 미러링Mirroring을 적용해볼 수도 있습니다. 잠시 동안이라도 아이의 행동을 거울처럼 그대로 따라해봄으로써 아이는 부모와 강한 유대감을 느낍니다. 부모도 아이의 행동을 반영해주면 아이를 더 잘 이해할 수 있겠지요.

그 밖에도 아이의 비언어적인 부분들, 다시 말하면 말로 표현하는 것 외에 얼굴 표정이나 색깔, 목소리톤, 말의 빠르기 등을 통해 아이의 내면 상태를 파악해내는 캘리브레이션(관찰 식별)도 아이를 이해하는 데 많은 도움을 줍니다.

3 아인슈타인의 상대성이론

우리가 상대방을 이해한다고 할 때 사실은 상당한 노력이 필요한 경우가 많습니다. 정성을 기울여야 하지요. 관심과 사랑을 줄 때 이해도는 더 높아지고 관계도 좋아집니다.

똑같은 사람이라도 어떤 사람을 만나느냐에 따라 행동에 대한 반응도 다르게 나타나고 관계도 다릅니다. 아무리 성격이 좋은 사람, 모든 사람들과 두루 친하게 지내는 사람도 냉소적인 사람을 만나거나 매사에 부정적인 사람을 만나면 좋은 관계를 유지하기가 어렵습니다. 어떤 관계든 상대적이니까요.

아인슈타인이 상대성이론을 발표했을 때 어떤 사람이 너무 어렵다며 쉽게 가르쳐달라고 했답니다. 그러자 아인슈타인은 이렇게 말했지요.

"한 남자가 예쁜 여자와 한 시간 동안 나란히 앉아 있으면 그 한 시간은 1분으로 생각되겠지요. 그러나 그가 뜨거운 난로 옆에 1분 동안 앉아 있으면 그 1분은 한 시간이 넘게 느껴질 겁니다. 그게 바로 상대성이지요."

우리가 상대방을 바라볼 때 어떤 눈으로 바라보느냐, 어떻게 반응하느냐에 따라 상대방을 이해하는 깊이는 달라진다고 생각합니다. 옆에 있는 것만으로도, 함께하는 것만으로도 사람들에게 즐거움을 주고 기쁨을 줄 수 있는 사람이 된다면 어떨까요?

주님의 시각으로, 주님의 마음으로 세상을 바라본다면 이해하지 못할 것이 없습니다. 우리의 체질을 아시고 우리를 가장 잘 이해해주시는 주님께 모든 걸 맡기고 행복한 삶을 사시기를 바랍니다.

말씀 묵상

그러므로 어리석은 자가 되지 말고 오직 주의 뜻이 무엇인가 이해하라

「에베소서」 5장 17절

이는 그들로 마음에 위안을 받고 사랑 안에서 연합하여 확실한 이해의 모든 풍성함과 하나님의 비밀인 그리스도를 깨닫게 하려 함이니

「골로새서」 2장 2절

감사
고맙게 여기는 마음

저는 얼마 전 저희 교회 다락방 순장님 부부를 참으로 오랜만에 만났습니다. 이분들은 제가 10년 전에 육체적 고통으로 많이 힘들었을 때 저를 위해 열심히 기도해주시고 눈물로 헌신해주셨던 고마우신 분들이십니다.

사람은 자신이 힘들었을 때 도움을 준 사람들에 대한 고마움을 잊지 못합니다. 저 역시 오랜만에 순장님 부부를 만나뵙고 제가 힘들었을 때 사랑을 베풀어주신 분들을 한 분 한 분 떠올리며 하나님께 감사했습니다.

1 감사한 마음 갖기

　지금 이 순간 여러분의 머릿속에 진실로 고마움을 느끼는 사람으로 누가 있는지 한번 떠올려주시기 바랍니다. 혹시 잘 떠오르지 않는다면 가장 가까이 있는 사람 중에서 한번 찾아봐주시기 바랍니다.
　크리스천이라면 하나님께 가장 먼저 감사한 마음을 가져야 하겠지만, 사람들 가운데 감사한 이를 꼽는다면 많은 분들이 부모나 스승을 말할 것입니다. 그런데 서로의 배우자에게 감사를 한다는 것은 또다른 의미를 줍니다.

　1900년대 초 평소 아내에게 고마움과 사랑을 자주 표현했던 한 남자가 있었습니다. 이 사람은 외과 치료용 테이프를 만드는 미국의 존슨 앤 존슨 회사에 다니던 평범한 회사원 어얼 딜슨이었습니다.
　어얼 딜슨은 평소 아내가 자신을 위해서 매번 음식을 차려주는 것에 대해 고마움을 표현하고는 했는데, 어느 날 그의 아내가 요리를 하다가 그만 손을 칼에 베고 말았습니다. 그는 어떻게 하면 자신이 집에 없어도 아내의 다친 손을 치료하는 데 도움을 줄 수 있을까 고민했습니다.

자신의 외과 치료 용품을 이용해서 연구를 거듭한 결과 딜슨은 상처에 간편하게 붙일 수 있는 일회용 반창고를 발명했습니다. 그가 발명한 반창고 이야기는 회사 사장의 귀에 들어갔고, 존슨 앤 존슨에서는 이것을 상품으로 출시하게 되었습니다. 일회용 반창고는 날개 돋친 듯이 팔렸고 '밴드에이드'라는 이름으로 전 세계로 수출되었습니다. 닐슨은 "난 단지 아내에게 고마운 마음을 표현하고 싶어서 만든 것뿐인데 이렇게 좋은 결과를 가져오다니……."라고 말했다고 합니다.

아내에게 고마움과 사랑을 표현하고 싶었던 한 남자의 노력이 오늘날 전 세계인의 필수품을 낳는 결과를 가져왔습니다.

사람이 살면서 감사함을 느낀다는 것은 우리의 삶을 행복하게 해주는 하나님의 선물이라는 생각을 해봅니다. 하나님은 우리에게 성경 곳곳에서 "여호와께 감사하라"고 말씀하십니다. 「시편」 107편 1절에도 "여호와께 감사하라 그는 선하시며 그 인자하심이 영원함이로다"라고 말씀하고 계시지요.

우리는 하나님께 감사함을 잊지 않는 데서 신앙인으로서의 첫 출발을 하게 됩니다. 하나님께 감사한다는 것은 우리 생활의 모든 부분을 하나님의 섭리에 믿고 맡긴다는 의미를 담고 있습니다.

내 형편이 어렵다고, 내 처지가 어렵다고 하나님을 원망하는 경우가 믿는 우리에게서도 얼마나 많은지요. "하나님이 왜 내 삶을 이렇게 인도하셨지?", "왜 하나님이 내게 이 고난을 주셨지?" 하고 어려운 형편을 비관하며 하나님을 원망하면 원망할수록 우리의 삶은 더 비참해지고 믿음에서 멀어지는 경우가 얼마나 많은지요.

어쩌면 하나님께 감사한 마음을 가진다는 것은 신앙의 자세에서 가장 중요한 것인지도 모르겠습니다.

사람과의 관계 속에서 흔히 감사함을 잊게 만드는 경우는 어떤 경우일까요? 우리는 살면서 사람의 관계 속에서 상대방에 대한 고마움을 잊고 오해를 하게 되는 경우가 종종 있습니다. 자신이 상대방을 오해하는 경우가 있고, 상대방에게 오해를 당하는 경우도 있습니다. 어쨌든 사실과 다른 정보로 인해 상대방과의 관계가 소원해지면 무척 속이 상하고 때에 따라서는 심각한 우울증을 겪기도 합니다.

사람들은 의사소통을 하면서 왜 사실과는 다른 사실들을 놓고 오해하고 관계를 악화시킬까요?

사람들은 대화에서 언어를 사용할 때 상대방이 말하는 것을 100% 그대로 이해하고 정보를 수집하지는 않습니다. 자기 나름의 이해 수준에 따라 상대방의 말을 이해하고 때로는 상대방이 말한 것과는 전혀 다른 의도로 해석해 버립니다.

2 메타 모델 Meta Model

코칭에서는 메타 모델이라는 말이 있습니다. 사람들이 언어를 사용할 때는 사실 정보와는 다르게 삭제 Deletion, 왜곡 Distortion, 일반화 Generaliztion 의 세 가지 틀을 통하여 그 정보나 사태를 다르게 인식하고 그것에 대한 내적 경험을 하고 내적 표상 Internal Representation 을 만들게 된다는 것입니다.

여러 말을 했는데 중요한 것은 빼먹고 듣는 삭제나, 말하는 사람의 의도와는 다르게 해석하는 왜곡이나, "다 그렇지, 뭐"라는 식의 일반화가 일어나면 상대방의 의도와는 다르게 자기 마음속에서 상대방의 말을 오해해 버립니다. 이 내적 표상은 인간이 자기 경험을 언어로 표현할 때 나타나는 것으로 사람들이 사용하는 대부분의 의사소통은 메타 모델에 해당한다고 볼 수 있습니다.

제가 임상에서 메타 모델을 설명할 때 주로 쓰는 방법이 있습니다. 사람 그림 하나를 보여주고 그 인물의 특성을 그려보게 하면, 어떤 사람은 얼굴에 점 하나를 붙여놓기도 하고, 귀걸이 모양을 다르게 그려놓기도 하며, 이마의 주름살을 빼놓기도 하는 등 저마다 인식한 정도를 그림으로 그려놓습니다. 그림과 완전히 동일하게 그려놓은 사람은 아직까지 본 적이 없습니다. 뭔가 하나씩은 빼먹거나 추가해서 그림을 그려놓습니다.

메타 모델은 말에 있어서 그렇다는 얘기입니다. 사람이 의사소통을 할 때 상대방이 말하는 것을 있는 그대로 받아들이고 해석하면 참 좋은데, 자기 내면의 틀을 사용해서 상대방의 말을 듣기 때문에 말하는 사람의 의도와는 달리 삭제하거나 왜곡하거나 일반화시키게 되는 것입니다. 그러니 대화를 할 때 듣는 사람의 정서 상태가 참 중요합니다. 내가 건강해야 대화도 본질에서 멀어지지 않고 잘못 전달되지 않으니까요.

평상시에 대화가 잘 통하지 않는 사람 한 명을 떠올려보세요. 그 사람은 분명 나와 대화를 할 때 내 이야기를 경청하여 있는 그대로 받아들이기보다는 내 말의 의미를 실제와는 달리 왜곡하고, 내 말에서 중요한 의미는 빼먹고 삭제하고, 나를 다른 사람과 동일하게 취급해 버리는 그런 모습을 보일 것입니다. 결국 사람들이 사용하는 대부분의 의사소통은 메타 모델입니다.

그래서 코칭에서는 메타 모델 위반이라는 말을 사용합니다. 메타 모델 위반은 인간이란 자신이 보고 싶은 것, 듣고 싶은 것, 느끼고 싶은 것만 보고 듣고 느끼기 때문에 자신이 말을 할 때 삭제, 왜곡, 일반화를 통해 내적 경험을 정확히 표현하지 못하는 상태를 말합니다. 그리고 메타 모델 도전은 그러한 위반을 지적하고 정확한 정보를 얻기 위해 적절한 질문을 하는 것을 말합니다.

메타 모델 도전 질문은 대단히 구체적이고 정확성을 요구하는 질문입니다.

예를 들어 "나는 두려워요."라고 한다면 "무엇이 두렵습니까?"라고 삭제된 정보에 대해 물어봐야 합니다. 또 "그 사람은 나를 무시합니다."라고 한다면 "구체적으로 어떻게 무시합니까?", "엄마는 나를 미워해요."라고 한다면 "엄마가 너를 어떻게 미워하지?"라고 억측인지에 대한 질문을 해야 합니다.

그런데 메타 모델 도전 질문이 구체적인 사실 확인에는 도움을 주지만, 자칫 힐난조나 의심을 주는 인상을 갖지 않도록 주의해야 합니다.

여기서 우리가 한 번쯤 생각해보아야 할 것이 있습니다.

우리가 감사함을 느낀다는 것은 관계 속에서 대단히 중요한 요소입니다. 인간관계 속에서의 감사함도 내가 건강해야 느낄 수 있는 것입니다. 내 마음이 불편하면 사람이 매사 공격적, 반항적이 되기 때문에 평소 자기 마음 관리를 어떻게 할 것인지에 대해 주의를 해야겠지요.

3 타임 라인 Time Line

크리스천 코칭에서 감사함은 하나님과의 관계 속에서 다룹니다. 우리가 부르는 찬송가에도 그런 가사가 있습니다. "주께 받은 복을 세어보아라", "감사 찬송 주께 드리네" 등의 가사들은 주께 감사함을 잊지 말자는 의미를 담고 있습니다.

우리는 이 땅에 살면서 잠깐 나그네처럼 머물다가 다시 본향으로 돌아가는 영혼들입니다. 그러나 우리가 사는 이 세상은 결코 만만하지가 않습니다. 아니 처절하기까지 합니다. 단지 십자가에 의지해 신앙으로, 믿음으로 이겨내고 살아가기에는 살아 계신 하나님의 은혜를 체험하지 않으면 견딜 수 없는 일들이 연속해서 일어납니다.

그러나 우리는 고통스러운 고비를 넘기면 하나님이 은혜 주신 것을 금세 잊어버리고 또다른 고통에 대해 하나님께 원망하기도 하고 너무 힘들다고 낙심하기도 하는 일들이 얼마나 많은지요. 그래서 우리는 하나님이 우리에게 주신 목적을 이 땅에서 이루기 위해 사명을 다해 살아가야 하지만, 때로는 하나님이 우리에게 베풀어주신 은혜를 잊지 않고 고마움을 기억하는 태도를 가져야 할 것입니다.

코칭에서는 자신이 잊고 있었던 과거의 기억들을 되살려서 현재, 미래를 점검하는 데 매우 탁월한 '타임 라인Time Line'이라는 기법이 있습니다. 타임 라인(시간선)은 한마디로 "과거, 현재, 미래의 상태를 하나의 시간선으로 나타내는 기법"입니다. 이것은 강력한 동기 부여가 필요할 때나 낙심해서 일의 능률이 오르지 않을 때, 또는 자존감이 땅에 떨어졌을 때 과거의 기억을 되살려서 현재의 문제를 잘 극복하는 데 도움을 주는 기법이기도 합니다.

우리가 신앙생활을 하면서도 현재 상황이 너무 힘들면 기도를 해야 하는데 가끔 의심이 생기지요? '이렇게 기도한다고 하나님이 내 기도를 들어주실까?' 하는 마음의 갈등이 생기면 기도보다는 세상적인 방법으로 문제를 해결하려고 합니다. 그러나 이때 과거에 하나님이 자신에게 베풀어주신 은혜를 기억하고, 그때 하나님이 어떻게 자신의 기도에 응답하셨는지를 떠올려보면 현재의 문제에 어떻게 접근해야 하는지 답을 얻게 됩니다.

이것이 바로 시간선을 이용한 것들인데, 우리가 코칭 기술로 이것을 접하지 않았을 뿐 실제로 우리 삶에서 많은 분들이 적용하는 기술이기도 합니다.

시간을 인식하는 데 있어 사람마다 차이는 있지만, 타임 라인은 시간을 하나의 선으로 표시해보자는 것입니다. 마치 기찻길을 연상해서 걸어보거나 화살표 방향으로 앞으로 걸어 나가면 이해하기가 쉽습니다.

실제 코칭에서는 시간에 대한 개념을 몇 가지 다루기도 하고, 코칭받는 피코치로 하여금 시간을 어떻게 인식하고 있는지를 물어보면서 시간선을 조율하기도 합니다. 예를 들면 "오늘은 어디 있지요?", "내일은 어디 있나요?", "다음 달은 어디쯤에 있나요?"를 물어보는 것이지요.

타임 라인은 혼자서도 얼마든지 반복해서 실시할 수 있습니다. 줄 하나를 그려놓고 시간선으로 따라가보는 것도 괜찮고, 자신이 만든 타임 라인으로 과거, 현재, 미래를 밟아 나가는 것도 좋습니다. 아직 가보지 않은 자신의 미래 종착역을 타임 라인을 따라 걸어가보는 것도 좋습니다.

그러면 실제로 타임 라인을 어떻게 활용하는지 간단하게 살펴보겠습니다.

① 현재 서 있는 위치에서 시간선을 만들어봅니다.

"당신의 현재는 어디에 있나요?"
"과거는 어디에 있지요?"
"미래는 어디에 있나요?"

② (이상적인 시간선과 일치하지 않으면 다시 정비한다.)

당신은 이 시간선을 당신이 원하는 시간선으로 만들어볼 수 있습니다. 당신의 시간선을 만들면서 당신의 과거, 현재, 미래를 잘 보여주고 있는지 충분하게 느껴보시기 바랍니다. 만약 일치하지 않으면 다시 정비해볼 수 있습니다.

우리가 바라는 미래의 모습이 있습니다. 이상적인 시간선을 만들어서 그 길을 따라가보는데, 실제로 자신이 원하는 시간선이 잘 안 만들어지는 경우가 있어요. 나는 5년 후에는 아들딸 모두 출가시키고 손주와 함께하는 시간도 가져보고 싶고 남편과 해외여행도 좀 다녀보고 싶은데, 현재 딸들은 결혼 생각 없이 일에만 정신을 쏟고 있거나, 또 5년 후에는 여행을 다니고 싶은데 관절염이 너무 심해서 바라는 이상적인 시간선으로의 여행이 어려울 수가 있다는 얘기지요.

그러면 그 시간선을 다시 정비할 수 있습니다. 5년이 너무 짧으면 1~2년 정도 연장할 수 있고, 또 건강 문제 해결을 위해 집중적으로 관리하면 1~2년 일찍 관절염이 나을 수도 있다는 가정을 해보는 것이지요. 시간선을 재조정해보는 것입니다.

③ 세 번째는 위의 느낌을 다시 한 번 충분하게 느껴보도록 시간선의 색깔이나 밝기, 크기, 거리 등을 변화시키면서 어떤 영향이 있는가 물어봅니다. 예를 들면 다음과 같은 질문들이지요.

"시간선에 색깔이 있습니까?"

"시간선의 밝기를 변경하면 달라지는 것이 있습니까?"

"미래를 더 크게 만들면(작게 만들면) 무엇이 달라집니까?"

"당신 자신과 미래 사이에 있는 거리를 변화시킬 때 어떤 일이 일어납니까?"

④ (과거에 대해서도 위와 같은 방법으로 질문한다.)

이 시간선은 과거, 현재, 미래의 시간에 존재하는 기억들을 재조정해볼 수 있습니다. 미래에 대한 분명한 목표를 제시해주는 데 더할 나위 없이 좋은 기술이지만, 이것은 과거에 대한 자원을 찾는 데도 대단히 도움을 줍니다.

현재 성적이 나빠 고민하고 있는 학생에게 이 시간선을 이용해 과거 자신이 공부를 잘했던 시절의 기억을 끄집어내어 강화시켜주면 모든 아이들이 자신감을 가지는 것을 코칭에서 보게 됩니다. 과거에 내가 어떤 일을 하나라도 성취했던 경험이 있으면 그것을 이용해서 미래에 대한 성취 경험을 되살려보는 것은 타임 라인 기법 외에도 앵커링, 주관적 몰입 방법에서 이미 다룬 바 있습니다.

앞에서 감사와 관련해 코칭에서 다루는 메타 모델이나 타임 라인을 살펴보았습니다.

상대방이 말을 할 때 그 사람이 말한 의도를 삭제, 왜곡, 일반화시키지 않고 분명하게 인식할 수 있다는 것은 감사의 전제 조건이 됩니다. 또 현재 상황이 너무 힘들거나 미래가 불투명할 때 시간선을 이용해서 걸어보면 불명확한 미래의 이미지도 새롭게 보여지고 현재의 어려움도 극복할 수 있는 지혜를 갖추게 됩니다.

"여호와께 감사하라 그는 선하시며 그의 인자하심이 영원함이로다"(**「역대상」 16장 34절**)라고 성경에서는 말씀하고 있습니다.

자, 하나님께서 우리에게 베풀어주신 감사의 제목들을 하나씩 기억해본다면 어떨까요? 이 땅에 태어나게 하신 것도 감사, 내게 가족이 있는 것도 감사, 숨쉴 수 있는 은혜도 감사, 공부할 수 있는 은혜도 감사……

헤아릴 수 없이 많은 감사들이 넘쳐날 것을 기대하면서 감사할 수 있는 능력을 주신 하나님께 무한한 감사를 드립니다.

말씀 묵상

너희는 여호와께 감사하며 그의 이름을 불러 아뢰며 그가 행하신 일을 만민 중에 알릴지어다

「역대상」 16장 8절

감사함으로 그의 문에 들어가며 찬송함으로 그의 궁정에 들어가서 그에게 감사하며 그의 이름을 송축할지어다

「시편」 100편 4절

할렐루야 여호와께 감사하라 그는 선하시며 그 인자하심이 영원함이로다

「시편」 106편 1절

기쁨
마음의 에너지

"신앙생활을 할 때 가장 기뻤던 적이 언제입니까?"라고 묻는다면 언제라고 대답하시겠습니까? 저는 신앙생활에서 가장 기뻤던 때는 바로 주님을 만났을 때였습니다. 하나님이 살아 계시면 제발 만나게 해달라고 몇 년이나 기도했는데, 기도 끝에 하나님이 은혜를 주셔서 어느 날 주님을 아주 뜨겁게 만나게 되었습니다.

그때 저는 예수님을 만난 첫사랑의 기쁨이 이런 것이구나, 성령님이 함께하는 기쁨이 이런 것이구나, 하는 깨달음을 영혼 깊이 느꼈습니다. 그 기쁨을 조금이라도 더 연장하고 싶어서 기도를 했던 것이 엊그제 같습니다.

지금도 기도 가운데 주님이 주시는 기쁨을 사모하면서 신앙생활을 하지만, 주님을 처음 만났을 때의 감격은 앞으로도 영원히 잊지 못할 것입니다.

1 긍정적 정서 경험

주님은 우리에게 "항상 기뻐하라"고 하셨습니다. 저는 처음 하나님을 믿었을 때 이 말이 정말 이해가 안 되었습니다. '어떻게 항상 기뻐할 수가 있지? 인생을 살다 보면 슬픈 일도 많고 어려울 때도 많은데 어떻게 항상 기뻐하라고 하셨을까?' 하고 생각했습니다.

그러나 주님을 제대로 만나고 나서는 생각이 달라졌습니다. 성령님을 만나고 나니 마음속에 알 수 없는 기쁨이 샘솟는 거예요.

기쁨의 사전적 정의를 찾아보면 "욕구가 충족되었을 때의 즐거운 마음이나 느낌"으로 되어 있습니다.

정말 내 안의 모든 욕구가 충족되었음이 느껴져서 더 이상 어떤 것도 바라지 않는 상태가 계속되었을 때, "항상 기뻐하라"는 말이 주님과 늘 함께할 수 있도록 성령 충만하라는 의미를 포함하고 있다는 것을 깨닫게 되었습니다.

주님과 함께 있으니 어떤 형편에서든지 항상 기뻐할 수 있는 자세가 우리에게 필요하다는 것이 당연하다는 생각을 하게 되었습니다. 기뻐한다는 것은 주님과 함께할 때 진정한 기쁨이 있다는 얘기지요.

코칭에서 긍정적 정서 경험이라는 말이 있습니다. 긍정적 정서 경험이란 기쁨, 즐거움, 행복감, 열정, 신남, 뿌듯함을 느꼈던 경험을 말합니다. 사람은 누구나 이런 긍정적 경험을 하며 살아갑니다. 긍정적 정서 경험을 많이 하면 할수록 우리 신체의 면역력도 강해지고 인생도 행복해집니다.

인생에서 기쁨을 느낀다는 것은 말로 그 기쁨을 배가시킬 수가 있습니다. "난 행복해, 난 행복해"라고 말하면 정말 행복한 사람이 되고, "정말 기뻐"라고 말하면 정말 기쁨이 배로 느껴진다고들 합니다. 우리의 감정 표현을 말로 어떻게 하느냐에 따라 우리의 신체도 다르게 나타난다는 것이지요.

이미 많은 분들이 일본의 물박사로 유명한 에모토 마사루의 물의 결정 이야기를 듣거나 본 적이 있을 것입니다. 우리가 말하는 대로 물이 반응을 보인다는 것이지요. 이분의 주장을 들어보면, 물은 우리가 어떤 감정으로 말하고 대하는가에 따라 전혀 다른 결정 상태를 보인다고 합니다. 즉, 사랑과 감사, 기쁨과 같은 단어를 사용하면 물은 아름다운 왕관 모양의 결정체를 보여주고 미움, 분노, 저주와 같은 말을 사용하면 결정이 흉측한 모습으로 변한다는 것이지요. 저도 이분이 찍은 물의 결정 사진들을 보았는데 정말 신기했습니다.

어쨌든 이분이 강조하는 요지는 인간의 몸도 70%가 물로 형성되어 있는데, 건강을 해친 사람은 대부분 몸속의 물, 즉 혈액이 고여 있게 되면서 혈관이 막힌다는 것이지요. 그래서 우리가 기쁘고 즐겁게 살아가면 몸도 좋아지고 건강하게 된다는 것입니다.

저는 이 물의 결정 이야기에 참으로 공감을 했습니다. 우리 마음 안에 기쁨을 유지한다는 것은 우리가 건강을 유지하고 있음을 말해 준다고 생각합니다. 때로는 하나님이 창조하신 모든 만물에 하나님의 생명력이 살아 숨쉬고 있는 것이 느껴질 때 창조의 경이감을 갖게 됩니다.

제가 특히 물의 결정에서 관심을 가진 것은 기도 전 물의 결정과 기도 후 물의 결정이 어떻게 달라졌는가 하는 것입니다. 기도 전에는 물의 결정이 전혀 변화가 없었는데, 기도 후에는 물의 결정이 매우 아름다운 왕관 모양으로 변해 있었습니다. 이것을 보면서 '물의 모양까지도 변화시키는 기도는 정말 놀랍구나!'라고 생각했습니다.

그러고 보니 몇 해 전 매우 흥미롭게 본 뉴스가 하나 떠오릅니다. 미국의 어느 우편집배원이 어느 집에 불이 난 것을 목격했습니다. 이 집에는 연로한 할머니가 늘 창문 밑에서 주무시고 계셨는데, 화재로 연기가 가득 차서 할머니는 아무것도 볼 수 없었습니다.

이 우편집배원은 그 집에 할머니가 사시는 것을 알고 있었지만 불길이 너무 강해서 시간이 없었습니다. 우편집배원은 마음속으로 외쳤습니다.

'오, 하나님! 도와주세요. 할머니는 어디에 있습니까? 어느 창문으로 가야 합니까?'

그 순간 할머니도 똑같이 도움을 청하는 기도를 하고 있었습니다. 이 우편집배원이 나중에 기자에게 말하기를, 그때 갑자기 마치 누가 바로 옆에 있는 것처럼 어떤 목소리가 그에게 "오른쪽 창으로 가라."고 말했다는 것입니다. 그래서 그 창가로 가서 안을 더듬어보니 할머니가 계셔서 바깥으로 대피시킬 수 있었다는 것이지요.

기도는 상식으로 이해할 수 없는 놀라운 일들을 경험하게 합니다. 우리가 기쁨으로 하나님께 기도를 한다면 「예레미야」 33장 3절에서 주님께서 "너는 내게 부르짖으라 내가 네게 응답하겠고 네가 알지 못하는 크고 비밀한 일을 네게 보이리라" 하신 말씀처럼 우리의 삶에 크고 놀라운 일들을 보게 될 것입니다.

2 내적 자원의 개발

하버드 대학의 저명한 심리학 교수 다니엘 길버트의 최근 연구는 '…라면 행복할 텐데'라는 생각이 전적으로 무익하다는 것을 증명했습니다. 『행복에 걸려 비틀거리다』의 저자 길버트는 사람들이 무엇이 장래에 자신을 행복하게 만들어줄 것인지 제대로 예견하지 못한다는 사실을 보여주는 흥미로운 연구를 실시했습니다.

그는 우리가 원하는 무엇인가를 얻음으로써 느낄 행복을 언제나 과대평가한다고 결론을 내렸습니다. 즉, 시험에 합격을 하면, 월급을 더 많이 받으면, 승진을 하면, 이상형과 결혼을 하면 얼마나 기쁠까 상상하지만 실제로 그 일이 일어나면 예상한 것보다 훨씬 불만족스럽다는 것을 발견하게 된다는 것입니다.

더 기쁘고 더 행복하기 위해서 '…이 달성되면', '…을 얻게 되면' 이라고 마음을 먹지만, 실제로 그것을 얻은 기쁨은 잠깐이라는 것이지요. 그래서 그는 현재의 삶에 기뻐하고 행복해야 한다고 주장하고 있습니다.

어찌 보면 우리 크리스천들에게도 이와 같은 태도가 필요하지 않나 생각을 해봅니다. 꼭 무엇을 이루어야 기쁘고 행복한 게 아니라 그 과정도 소중하고 현재의 모습에서 하나님의 뜻을 구하는 삶의 태도가 중요한 게 아닌가 싶습니다.

코칭에서 기쁨이나 행복, 사랑과 같은 긍정적인 자원을 자기 내면에서 찾아 인생을 보다 즐겁게 살아나가도록 개발시키는 '내적 자원의 개발Development of Internal Resource'이라는 기술이 있습니다. 이 기술은 자기 안에 있는 긍정적 에너지원, 즉 기쁨, 자신감, 용기, 사랑, 열정, 만족감 등의 잠재성을 발견하여 성과를 얻고 목표를 달성하는 데 필요한 것들을 훈련을 통해 개발하는 것을 말합니다.

긍정적인 정서 경험을 하는 데 도움이 되도록 필요한 내적 자원을 자신의 에너지 저장고에 채워두는 것이 중요합니다. 긍정적인 정서 경험을 많이 한 사람들은 사람들 사이에서 유대감이 높습니다.

기쁨 또한 사람들 사이에서 유대감의 원동력이 되기도 합니다. 우리는 늘 기쁨으로 충만한 사람들을 보면 왠지 그 사람과 가까이하고 싶고 함께 기쁨을 나누고 싶은 마음이 듭니다.

긍정심리학의 대가 로버트 비스워스 디너라고 하는 학자는 전 세계를 돌아다니면서 사람의 기쁨과 행복에 영향을 주는 것이 무엇인가를 찾아보았다고 합니다. 그 결과 유대감이 놀라운 영향을 주는 요소임이 발견되었는데, 특히 도시 빈민자들도 건전한 유대감이 유지되면 마음이 기쁘고 극심한 가난도 잘 견딘다고 보고하고 있습니다.

결국 기쁨도 사람과의 관계 속에서 영향을 주고받는다는 것을 알 수 있습니다. 마찬가지로 하나님과의 관계가 좋으면 언제나 우리 마음은 기쁨으로 가득 차 있지요.

그럼 다시 본론으로 돌아와서 내적 자원의 개발 기술의 활동 순서를 간략히 살펴보겠습니다.

코치 당신이 지금 정말로 원하는 것이 있습니까?

그것을 얻기 위해 어떤 내적 자원이 필요합니까?

피코치 네! 기쁨입니다.

우리가 지금 기쁨에 대해서 이야기를 하고 있는데, 신앙생활을 하면서 가장 위험한 단계가 있다면 마음속에 감사와 기쁨이 사라질 때가 아닌가 생각합니다. 만약 우리가 신앙생활을 해도 마음속에 기쁨이 없다면 신앙의 유익을 얻기 어렵겠지요. 그렇다면 신앙의 위기를 느낄 때 나의 내적 자원으로 기쁨을 회복하고 싶다는 생각을 해볼 수 있을 것입니다.

내적 자원의 개발 **첫 번째** 단계는 자신이 정말 얻고 싶은 내적 자원은 무엇인가를 찾아보는 것입니다.

코치 당신에게 있는 또 다른 내적 자원은 어떤 것들인가요?

피코치 네! 행복입니다.

기쁨과 행복은 사촌지간이지요. 마음의 욕구가 채워져 즐거운 상태나 안정적인 기분은 모두 기쁨과 행복으로 설명할 수 있습니다. 기쁨에서 더 나아가 행복으로 연결된다면 더없이 좋겠지요.

내적 자원의 개발 **두 번째** 단계에서는 자신이 얻고 싶은 내적 자원이 또 있는지를 알아보는 것입니다.

코치 과거 경험에서 당신의 내적 자원이 가장 풍부했던 때는 언제였습니까?

그때 어떤 것이 보입니까?

그때 어떤 말이 들립니까?

그때 어떤 것이 느껴집니까?

세 번째 단계에서는 우리가 앞에서 배웠던 주관적 몰입에 대해 기억하시면 더 좋겠는데, 혹시 기억이 나지 않으면 제가 드리는 질문에 따라 답을 하시면 됩니다. 가장 기뻤을 때가 언제인지를 기억한 다음 무엇이 보이고, 들리고, 느껴지는지를 경험해보면 되는 것이지요.

자신을 인도하는 코치가 있으면 질문을 통해 답을 해보겠지만, 없다면 스스로 묻고 대답하면서 진행을 하면 됩니다.

코치 자, 눈을 뜨시고 다시 현재 이 자리로 돌아옵니다. 지금 몇 시쯤 되었을까요?

내적 자원 개발 **네 번째** 단계는 충분히 과거의 기쁜 상태를 경험하게 한 다음 눈을 뜨고 환경을 환기시켜주는 것입니다. 지금 몇 시나 되었는지, 점심은 무엇을 먹을 것인지, 최근에 어떤 영화를 보았는지 등 현재의 기분에서 벗어날 수 있는 질문을 가볍게 하는 것입니다.

코치 앵커를 하면(기억 단추를 누르면) 조금 전 가졌던 리소스풀한 상태가 되는지요?

다시 조금 전 느꼈던 기쁨의 상태를 다시 불러올 수 있는지 확인해봅니다. 그때(기분 좋았던 시절) 무엇이 보이고, 들리고, 느껴졌는지를 재확인해보는 과정이지요.

코치 앞으로 내적 자원을 필요로 하는 상황에 들어가 보시기 바랍니다.

(코치는 앵커를 하면서) 그 자원 상태를 앞으로 어떻게 활용해보겠습니까?

앞으로 기쁨이 절대적으로 필요한 상황은 언제인지요? 예를 들어 신앙생활에서 기쁨이 필요하다면 어떻게 주님을 만나보시겠습니까? 기도를 통해서, 말씀을 통해서, 설교를 통해서 우리는 주님을 만날 수 있는 기회들을 찾아볼 수 있고, 그것을 통해 기쁨을 얻을 수 있습니다.

이 장에서는 기쁨에 대해 살펴보면서 우리 안에 있는 긍정적 경험과 내적 자원의 개발에 대해 배워보았습니다.

어떠한 형편에서도 자족하기를 힘썼던 사도 바울, 늘 풍성한 예화를 통해 하나님 나라의 비유를 넉넉하게 들려주셨던 예수님, 죽음의 상황에서도 하나님을 기쁘게 찬양했던 다윗…….

성경 속의 위대한 인물들을 가만히 보면 모두 마음속에 풍성한 내적 자원이 가득 들어 있음을 알 수 있습니다. 이들에게 공통적인 특징이 있다면 주 하나님으로 인하여 기뻐하며 즐거워했다는 것이지요.

성경 속의 인물들을 본받아 주님께서 주시는 기쁨으로 모든 역경을 헤쳐 나가는 저와 여러분이 되기를 간절히 기도합니다.

자신감
성공의 재료

인생에서 가장 자신감이 있었을 때는 언제입니까? 많은 분들이 인생에서 자신감이 있었을 때를 물으면 젊은 시절 이야기를 많이 합니다.

"그때는 내가 이랬지."

"내가 어떻게 그 당시에 그런 일을 겁도 없이 자신 있게 했는지 몰라."

"만약 지금 나한테 그런 자신감이 있다면 뭔가 큰일을 한번 해볼 텐데……."

이렇게 말하는 것을 종종 들을 수 있습니다.

여러분은 어떤가요? 남아 있는 인생 가운데 뭔가 새로운 기대감으로 자신 있게 시작하고 싶은 일이 있나요?

이 장에서는 자신감에 대해서 살펴보려고 합니다.

1 자신감을 잃게 만드는 원인

사람에게 동기를 부여하고 자신감을 갖게 하는 코칭을 하다 보면 의외로 많은 분들이 자신감이 너무 없다는 사실에 놀랄 때가 참 많습니다.

나이 어린 학생들이 패기가 없고 학습 의욕이 없는 것도 안타깝지만, 사회적으로 꽤 성공했다는 사람들도 실제로 만나보면 어떻게 저 자리에까지 왔을까 싶을 정도로 자신감이 없고 매사 부정적인 모습을 볼 때가 있습니다. 그럴 때면 참 씁쓸합니다.

매우 능력 있는 사람인데 자신감을 잃고 낙심에 차 있는 모습을 보게 되면 크리스천인 경우에는 먼저 기도하고 빨리 회복하라고 권면하지만, 그렇지 않은 경우는 방법을 제시해주기가 어렵습니다.

코칭 현장에서 자신감을 잃고 매사에 의욕을 잃은 사람들을 많이 만나 코칭을 하다 보면 자신감이 없는 대부분의 사람들에게서 공통점을 발견하게 됩니다. 부모나 배우자, 주변 사람들의 말로 인해 심리적으로 위축된 상태가 오래되었다는 것입니다. 상대방은 생각 없이 가볍게 던진 말에 스스로 상처를 받아서 '할 수 없다'는 생각에 갇혀 버린 경우가 참 많습니다.

1) 부모 자녀 관계

용기와 자신감을 심어줘야 할 부모가 오히려 자신감을 잃게 만들어 버리는 경우가 얼마나 많은지 모릅니다.

예를 들어, 아이가 학교에서 늘 평균 70점 정도를 받아오는 아이인데 어느 날 평균 90점을 받아왔으면 칭찬을 해줘야 마땅합니다. 그런데 오히려 이런 말을 한다고 합니다.

"다른 애들도 시험 다 잘 봤지? 혹시 다른 애들은 모두 100점을 받은 것 아니니?"

부모의 입장에서는 아무 생각 없이 내뱉은 말이 아이에게는 엄청

난 상처를 주게 되는 경우입니다. 이런 경우 아이들은 백이면 백 모두 실망을 하고 자신감은 더욱 약해지게 되지요.

2) 부부 관계

부부 사이에서도 마찬가지입니다. 한쪽 배우자가 의욕을 갖고 뭔가 새로운 제안을 했을 때 상대편 배우자가 시큰둥하거나 오히려 핀잔을 주는 경우가 있습니다. "집안에서 고작 그런 생각이나 하고 있었다니…"라든가, "당신은 지금 다니는 직장이나 잘리지 말고 잘 다닐 생각이나 해요!"라고 대꾸한다면 크게 자존심이 상하게 되지요.
차라리 아무 말 안 하는 게 서로 자존심도 안 상하고 안 싸우게 된다고 생각하면서 부부 사이에 대화가 단절됩니다.

3) 직장 상하 관계

직장에서도 마찬가지입니다. 부하 직원이 의욕을 가지고 뭔가 새로운 제안을 하면 상사는 부하의 기를 확 꺾는 말을 합니다.

"이것도 기획안이라고 내놓다니, 쯧쯧……."
"그런 황당한 발상이 윗사람들에게 먹힐 것 같나?"

"자네, 젊다고 너무 과신하는 모양인데, 나도 자네 때는 그랬지. 애써 머리 굴려 찍히지 말고 적당히 월급이나 타 가."

결국 우리 자신이 자신감을 잃게 되는 것은 주변 사람들의 말로 인해 상처를 받기 때문인 경우가 많다는 것이지요. 그런데 우리가 앞에서 센터링Centering을 다루었지요? 아무리 주변에서 상처 주는 말을 많이 하더라도 내 마음을 스스로 지키고 있으면 대응하는 자세가 달라지고, 보다 적극적으로 대처할 수 있고, 상처를 덜 받게 된다는 것 말입니다.

잠깐 다시 상기시켜볼까요? 마음의 중심을 잡는 데 있어서 나무가 힘차게 뿌리 내리고 있는 것과 같은 마음 자세 '뿌리 내리기'와 자신에게 작용하는 힘과 함께 움직이는 '흐르기'가 있다고 했습니다. 이 흐르기는 자신의 마음 중심으로부터 자발적으로 움직이는 것을 말하지요. 공격하는 대로 흔들리는 것 같지만, 실상은 내 마음이 자발적으로 움직이는 것입니다.

어쨌든 타인의 말로 인해 자신감을 잃게 되는 경우가 있더라도 스스로 마음의 중심을 잡고 있으면 자신감을 잃지 않고 대응할 수 있습니다.

그러나 문제는 아무도 상처 주는 말을 하지 않았는데 스스로 자신감을 잃는 경우가 또 있다는 것입니다. 이런 분들을 위해서 자신감을 갖게 하는 방법을 알아보겠습니다.

2 자신감을 갖는 방법

여러분은 모든 것에 의욕을 잃고 자신감이 없어졌을 때 어떻게 회복하셨습니까? 저는 자신감과 관련해서 성경 속의 인물을 찾을 때면 늘 사도 바울을 떠올리곤 합니다. 바울은 로마 시대 베냐민 지파의 히브리 유대인으로서 로마제국의 시민권을 보유하고 많은 학식을 자랑하는 막강한 영향력을 지닌 사람이었습니다. 그러나 그는 그리스도인들을 잡기 위하여 다마스쿠스로 가던 길에 승천하신 예수 그리스도를 만난 후 인생이 180도로 바뀌게 되지요.

로마 시민으로서 많은 특권을 가지고 자신감에 차 있던 바울은 자신이 누리던 모든 것을 한낱 배설물과 같이 여기고 오직 그리스도를 전하는 데 앞장서게 됩니다. 이제는 로마 시민이 아닌 예수 그리스도의 사제로서 자신감을 갖게 된 것이지요. 자신감의 색깔이 바뀐 겁니다. 그는 『신약성경』 27권 중 13권을 썼고, 기독교 사상에 핵심 단서를 제공했습니다.

우리는 어떤 색깔의 자신감을 갖고 있을까요? 세상적인 자신감은 자칫 자만과 교만으로 흘러갈 수가 있습니다. 그러나 주님이 주시는 자신감은 사명이요 겸손입니다.

하나님의 사람으로서 자신감을 갖기 위해 할 수 있는 것들을 찾아본다면 어떤 것이 있을까요? 자신감을 갖기 위한 세상적 방법들이 많지만, 여기서는 간단하게 세 가지만 소개하겠습니다.

1) 정체성

먼저 우리가 누구인지를 깨달아야 합니다. 우리는 하나님의 자녀이며, 세상의 빛과 소금입니다.(「마태복음」 5장 13~14절)

우리는 하나님의 피조물로 그리스도 안에서 그의 일을 하도록 거듭난 사람들입니다.(「에베소서」 2장 10절)

우리는 그리스도와 함께 참여한 자가 되었으며, 그의 생명에 참여한 자가 되었습니다.(「히브리서」 3장 14절)

또한 우리는 택하신 족속이며, 왕 같은 제사장이요, 거룩한 나라요, 하나님의 소유 된 백성입니다.(「베드로전서」 2장 9~10절)

우리는 이 세상에 잠시 살고 있는 나그네와 행인이요, 마귀와 원수이며, 그리스도가 재림하실 때 그와 함께 있을 하나님의 자녀입니다.

우리가 우리 자신의 정체성을 잃고 있으면 우리는 하나님의 영광을 드러내지 못합니다. 세상 마귀 자녀들에게 늘 당하고 깨어져서 자신감을 잃고 살 수밖에 없는 연약한 존재가 되지 않으려면 우리가 누구인지를 깨달아야 합니다.

2) 동행

하나님이 함께함을 기억해야 합니다. 로버츠 슐러 박사가 이런 말을 했다고 합니다.

"하늘이 나와 같이 있으니 어떤 일도 자신을 굴복시키지 못한다는 사실을 명심하라."

그렇습니다. 우리에게는 누가 있습니까? 늘 하나님이 우리와 함께 계시므로 그 어떤 일도 하나님이 허락하시기 전에는 우리 자신을 거꾸러뜨릴 수 없다는 사실을 반드시 기억해야 합니다. 하나님이 우리에게 이 땅에서 사명을 주셨고 하나님의 자녀로서 하나님의 영광을 위해 창조하셨는데, 우리 자신이 마치 고아인 것처럼 우울해하고 실망할 이유는 조금도 없습니다.

지금 이 시간에도 하나님이 함께하신다는 사실을 꼭 명심하시기 바랍니다.

3) 사명

하나님이 인생에서 내게 주신 목적이 무엇인가를 깨닫는 것입니다. 지금 이 시간 종이를 꺼내서 하나님이 내게 주신 인생의 목표를 한번 적어보기 바랍니다. 혹시 아무것도 생각이 안 나면 무릎을 꿇고 하나님께 매달려야 합니다. 하나님이 내게 주신 목표가 무엇인지를 알고 주님의 푯대를 향하여 자신감을 가지고 나가야 합니다.

다시 한 번 하나님이 주신 목적을 생각하게 되면 자신감을 갖게 됩니다. 왜일까요? 하나님은 우리가 생각하는 것 이상으로 우리를 사용하시기를 원하시기 때문입니다. 우리는 낙심해서 앉아 있지만 하나님은 끊임없이 우리에게 일어나라고 하십니다. "일어나 걸으라 내가 새 힘을 주리니"라고 말씀하고 계십니다.

이제 우리가 누구인지 조금이라도 깨달았다면, 크리스천으로서 자신감을 갖고 새롭게 시작해야 할 것은 무엇인지 또 기도해야 합니다.

3 우수성의 원 Circle of Excellence

폴 마이어의 『당신은 '그 무엇'을 찾았나요?』라는 책에 보면 다음과 같은 이야기가 나옵니다.

한 걸인이 어느 노신사에게 구걸을 했습니다. 너무 배가 고파 먹을 것을 달라고 했더니, 그 노신사는 허기를 채워주고 나서 걸인에게 그다음에는 무엇을 할 것이냐고 물었습니다. 그러자 걸인은 일자리를 찾으려고 한다고 했습니다. 그 말에 노신자는 허기를 채우는 것보다 일자리를 찾는 것보다 더 중요한 것이 있다고 말했습니다. 더 중요한 것이 무엇인지를 궁금해하는 걸인에게 노신사는 "그것은 당신 안에 들어 있는 성공에 필요한 자원들이요. 당신 안에는 놀라운 잠재력이 내포되어 있소. 단지 당신은 그것을 찾아내어 사용하기만 하면 된다오." 하고 대답했습니다.

노신사의 이 한마디는 걸인의 인생을 바꿔놓는 결정적인 역할을 했습니다. 노신사가 말한 대로 걸인은 자기 안에 성공에 필요한 자원들이 있다는 것에 큰 용기를 갖게 되었습니다. 마침내 그는 자신감을 갖고 스스로 일자리를 찾는 데 성공했고, 그 결과 놀라운 성취를 했다고 합니다.

이 예화의 노신사가 걸인에게 말한 것처럼 코칭에서는 우리 안에 놀라운 잠재력이 내재되어 있다고 코칭 전제를 두고 있습니다.

실제로 코칭을 받는 피코치가 자신감을 원할 때 주로 사용하는 기법 하나를 간단히 소개하겠습니다. '우수성의 원'을 이용한 기술입니다.

1) (머릿속으로) 색깔 있는 원 하나를 바닥에 그려봅니다.

어떤 색깔의 원이면 자신감을 더욱 북돋워줄까요? 그 원 안에 들어갔을 때 어떤 소리나 음악이 들리면 더 자신감을 느낄까요?

2) 자신감을 가장 충만하게 느꼈던 때를 기억해봅니다.

과거의 경험 속에서 가장 자신감에 차 있던 때는 언제인가요? 그때 보고, 듣고, 느꼈던 것을 기억해봅니다.

3) 충만하게 오른 자신감을 가지고 처음 그린 원 안에 들어가 봅니다.

이 원은 자신감을 더욱 강하게 느끼게 해주는 우수성의 원입니다. 자신감이 가득 찼다고 느껴질 때 그 자신감을 원 안에 남겨 두고 다시 밖으로 나옵니다.

4) 자신감 직면하기를 해봅니다.

원 밖에서 자신감을 느끼고 싶은 미래의 순간들을 생각해봅니다. 시험 치기 전 불안할 때, 연설하기 전 떨리는 마음이 들 때, 부담이 되는 상사를 만날 때를 생각해봅니다. 그러고는 다시 이 원 안으로 들어가 조금 전 느꼈던 자신감을 다시 충분하게 느껴봅니다. 그리고 다시 원 밖으로 나와 조금 전의 불안한 미래 상황과 직면해봅니다.

5) 미래 보정

앞으로 자신감이 필요할 때 우수성의 원 안에 들어가 자신감을 얻고 미래에 펼쳐질 상황과 연결시켜봅니다.

이 장에서는 자신감에 대해 살펴보았습니다. 심리학자들은 육체적인 행동을 변화시킴으로써 마음 자세를 변화시킬 수 있다고 말하고 있습니다. 예를 들어 억지로라도 웃으면 마음이 한결 밝아진다고 합니다. 또한 구부정하게 있을 때보다 허리를 쭉 펴고 서 있을 때 자신이 더 당당하게 느껴진다고 합니다.

하나님의 빛 된 자녀이기에, 또한 예수 그리스도가 우리와 함께 있기에 우리는 더 당당하게 자신감을 갖고 이 세상을 이길 수 있는 힘이 있습니다. 크리스천으로서 마음을 강하고 담대히 하며 자신감을 갖고 세상에서 승리하는 저와 여러분이 되기를 간절히 바랍니다.

말씀 묵상

능력과 존귀로 옷을 삼고 후일을 웃으며

「잠언」 31장 25절

내 걸음을 넓게 하셨고 내 발이 미끄러지지 아니하게 하셨나이다

「사무엘하」 22장 37절

그런즉 내가 이스라엘 가운데에 있어 너희 하나님 여호와가 되고 다른 이가 없는 줄을 너희가 알 것이라 내 백성이 영원히 수치를 당하지 아니하리로다

「요엘」 2장 27절

비전
하나님이 주시는 꿈

세상에는 크게 두 종류의 사람이 있습니다.

남자와 여자.

또 세상에는 생각에 따라 두 종류의 사람이 있습니다.

바로 꿈을 생각하며 사는 사람과 꿈을 생각하지 않고 사는 사람입니다.

어릴 때 여러분이 꾼 꿈은 무엇이었나요?

현재 여러분이 꾸고 있는 꿈은 무엇인가요?

우리 모두는 동일하게 현재의 시간을 살아가지만 사람마다 마음속에 품고 있는 생각과 꿈은 다릅니다. 어떤 사람은 아예 꿈조차 꿀 수 없이 하루하루 힘들게 살아갑니다. 이 장에서는 하나님이 주시는 꿈, '비전'에 대해 여러분과 이야기를 나누어보려고 합니다.

1 꿈과 비전

일반적으로 '꿈' 하면 무엇을 말합니까?

꿈에는 보통 세 가지 뜻이 담겨 있습니다. **첫째** 우리가 잠잘 때 꾸는 꿈, **둘째** 실현하고 싶은 희망이나 이상을 나타낼 때 말하는 꿈, **셋째** 실현될 가능성이 아주 적거나 전혀 없는 헛된 기대나 생각을 말하는 꿈이 있습니다. 그러니까 꿈에는 긍정적인 뜻도 부정적인 뜻도 함께 담겨져 있지요.

꿈의 긍정적인 뜻을 포함하여 크리스천들이 주로 쓰는 말이 있다면 무엇입니까? 바로 '비전'입니다.

비전의 사전적 의미를 찾아보면 "내다보이는 장래의 상황 혹은 이상"을 말하는데, 학자마다 대동소이하게 약간씩 다른 의미들을 포함시키고 있습니다. 상담과 코칭의 대가인 게리 콜린스는 비전을 "우리가 미래에 존재하기를 원하는 어떤 것에 대한 분명한 그림"이라고 하였습니다. 우리가 앞으로 다다르기를 원하는 표적이나 목표물을 말하는 것이지요.

제가 앞에서 크리스천 코칭은 무엇이라고 했나요?

하나님의 목적을, 하나님의 비전을 이루도록 도와주는 것이라고 계속 말해왔습니다. 코칭은 하나님이 주신 비전을 자극하고 사람들을 앞으로 성장하게 만드는 것입니다.

하나님이 쓰시는 사람들의 공통점을 가만히 보면, 하나님은 그들에게 미래를 향한 비전을 보게 해주셨고, 그들을 지도자로 세워 백성을 데리고 앞으로 나아갈 수 있게 만들었습니다. 모세가 그랬고, 아브라함이 그랬고, 다윗이 그랬습니다.

저는 비전과 관련해서 묵상을 할 때면 늘 마틴 루터 킹 목사님의 설교가 떠오릅니다. 작년에 샌프란시스코 샌앤셀모에 갔다가 그 근처에 있는 마틴 루터 킹 기념관에 들렀습니다. 그곳에서 킹 목사님이 수많은 사람들 앞에서 "내게는 꿈이 있습니다 I have a dream."라고 설교하던 사진을 보았는데, 아직 오지 않은 미래에 인종차별을 없애고 인류평등을 꿈꾸었던 그의 열정에 수많은 사람들이 희망을 갖고 도전하는 모습에 큰 감명을 받았습니다.

다시 말하면 비전은 "하나님이 주신 꿈을 분명하게 마음속에 그려보는 것"입니다. 하나님이 주신 꿈을 그려보기 위해서는 어떻게 해야 할까요? 이것은 달리 표현해본다면 "어떻게 하면 비전을 발견할 수 있을까요?"입니다.

2 비전 발견하기

하나님은 하나님의 자녀들에게 꿈을 주십니다. 비전을 주십니다. 우리는 할 수 없을 것 같은데 하나님은 우리가 기도하면 하나님의 계획을 알려주셔서 우리로 하여금 소망을 갖고 그 꿈을 이루게 하십니다.

1) 기도

우리가 하나님이 주신 비전을 정말 갖고자 원한다면 지금 당장 해야 할 것이 바로 '기도'입니다.

하나님은 우리에게 놀라운 계획과 꿈을 가지고 계십니다. "여호와를 기뻐하라 저가 네 마음의 소원을 들어주시리라"고 하셨습니다. 하나님께 가까이 가면 하나님은 우리의 마음속에 그리고 있는 소원을 이루어주십니다. 그 소원은 우리의 욕심이 아니라 하나님이 우리 마음속에 품게 한 그림, 즉 비전이라고 생각합니다.

저는 지금 코칭 교수로서 학생들을 만나고 있습니다. 10년 전 저는 하나님께 이런 기도를 드렸습니다.

"하나님, 저는 학문을 하는 사람으로서 정말 하나님이 기뻐하시는 학문 영역을 만나고 싶습니다. 저는 복지와 상담도 공부했는데 어느 쪽을 선택해야 하나님을 가장 기쁘시게 할 수 있을까요? 제가 가장 잘할 수 있는 학문의 길로 인도해주시고 그것을 만나게 해주세요. 이왕이면 많이 알려진 세상 학문보다 하나님과 함께할 수 있는 학문, 개척할 수 있는 학문을 만나게 해주세요. 그 학문을 통해 하나님의 사람들을 세우는 일을 감당할 수 있게 해주세요."

그렇게 해서 만난 것이 바로 '코칭'이었습니다. 저는 코칭을 만난 것이 제 인생에서 정말 행운이고 축복이라고 생각합니다. 왜냐하면 하나님께서 인도하셨다는 확신이 있기 때문입니다.

공부하는 사람으로서 어느 방향으로 나아가야 할지 학문의 방향성을 모른 채 공부하는 것 이상 답답한 일은 없습니다. 그런데 기도하니까 하나님께서 학문의 방향성을 제시해주시고 새로운 길로 인도해주셨습니다. 그래서 저는 코칭을 통해 비전을 세웠습니다.

저의 비전 선언문을 보면 "코칭을 통해 하나님 나라를 확장하고 하나님의 자녀 세우기"입니다.

우리가 미래에 무엇을 할 것인가, 어떤 목표를 두고 살 것인가를 생각해보려면 먼저 하나님께 기도하고 그분이 우리에게 주시는 비전을 발견해야 합니다.

그러나 비전을 발견하는 것이 그리 쉬운 일은 아닙니다. 어떤 사람은 짧은 기간에 하나님이 응답을 해줄 수도 있고, 또 어떤 사람은 몇 년이 걸려 하나님의 뜻을 깨달을 수도 있습니다. 그러면 우리는 비전을 발견하는 데 기도 외에 어떤 것들로 도움을 얻을 수 있을까요?

2) 강점 발견하기

하나님이 내게 주신 은사가 무엇인지, 내가 무엇을 할 때 가장 기뻐하시는지, 내가 가장 잘할 수 있는 것은 무엇인지 찾아보는 것입니다.

하나님은 분명 내게 다른 사람에게는 없는 고유한 특성을 주셨습니다. 사람마다 그릇의 차이는 있겠지만, 자신에게 있는 강점을 부각시키면 놀라운 능력을 나타낼 수 있습니다. 하나님이 부여해주신 능력을 자신의 힘으로 사용할 것이 아니라 하나님의 영광을 위해 사용할 자세를 갖고 미래의 비전을 발견하고자 한다면 보다 쉽게 접근할 수 있을 것입니다.

3) 비전 지도자로부터 조언 듣기

하나님이 세우신 영적 지도자로부터 조언을 듣거나 대화를 통해 자신의 비전을 발견해보는 것입니다. 하나님이 쓰시는 사람들을 보면 모두 하나님이 주신 비전이 마음속에 들어 있습니다. 그들에게 진지한 대화를 요청하고 조언을 듣거나 비전을 함께 공유하는 것도 비전을 발견하는 데 도움이 됩니다.

그 외에 비전을 발견하기 위해서는 성경책을 통해 내 마음에 의욕과 기쁨이 일어나는지, 열정이 느껴지는지 등을 점검해보면서 비전을 굳혀봅니다.

4) 비전 발견하기의 주의점

많은 분들과 코칭을 하다 보면 비전에 대해 참 조심스러운 부분이 있습니다. 듣기에 거북스러울 정도로 황당한 비전을 얘기하는 분들을 만나게 될 때, 그것이 자신의 생각인지 아니면 기도를 통해 하나님이 주신 비전인지를 물으면 100% 자신이 혼자 결정한 것이라고 합니다.

① 기도 후에도 마음이 불안할 때

하나님이 주신 비전은 희생과 헌신의 가치가 있습니다. 거저 얻어질 수 있는 것이 아닙니다. 마음속에 감동을 주고 때로는 하나님이 주신 그 비전을 생각하면 가슴이 벅차 감사가 절로 나옵니다. 그러나 자신이 세운 비전은 불확실한 미래 앞에 늘 불안하고 흔들리기 쉽습니다.

그래서 비전을 세울 때 주의해야 할 점은 먼저 기도를 통해 반드시 마음속에 평안이 찾아올 때까지 기다려야 한다는 점입니다.

② 장애물 제거

비전을 세웠다고 일사천리로 일이 진행되는 것은 아닙니다.

요셉은 하나님이 주신 꿈을 꾸고도 형들에 의해 노예로 팔려가는 수모를 겪었습니다. 그가 올 때 형들은 "꿈꾸는 자가 오는도다." 하고 비웃었습니다. 그러나 그는 하나님이 주신 꿈, 비전이 마음속에 있었기 때문에 어떤 장애물이 있더라도 그것을 극복할 수 있었고 결국 애굽의 총리가 되었습니다.

비전을 발견하고 그것을 실행해 나가는 데 있어 장애물이 있다는 것을 예견하고 그것을 극복하고자 하는 의지가 필요하다는 것을 명심해야 합니다.

③ 낙심 없애기

비전을 세우고 목표를 이루어 나가는 데 있어 큰 장애가 되는 것 중 하나가 낙심입니다. 하나님이 아무리 원대한 비전을 주셨다고 하더라도 그 시기가 늦어지면 우리는 초조한 마음을 갖고 낙심하게 됩니다.

그러나 우리가 반드시 알아야 할 것은 하나님의 때가 되면 하나님이 그 뜻을 이루신다는 것입니다.

3 상상 공학 Imagination Engineering

이제 하나님이 우리 마음속에 그려주신 꿈, 그 비전을 보다 실제적으로 생생하게 상상하고 훈련하는 코칭 기술을 소개하겠습니다.

바로 '상상 공학'이라고 하는 기술인데, 상상 공학은 월트 디즈니

Walt Disney가 자신의 꿈을 현실로 만드는 데 필요한 단계를 설명한 말로 피코치가 스스로 객관적인 사실 인식과 판단을 하는 데 매우 효과적입니다.

월트 디즈니에게는 실제로 세개의 방이 있었다고 합니다. 꿈꾸는 자의 방, 현실주의자의 방, 비판가의 방입니다. 실제로 상상 공학은 꿈꾸는 사람, 현실주의자, 비판가 등 모두 세 역할이 필요합니다.

첫째 꿈꾸는 사람은 현실의 상황이 어떻든 무엇이든지 가능하다고 믿으며 미래에 대해서도 무한한 상상을 펼치는 공상가입니다. 꿈꾸는 사람은 미래 지향적이며 건설적이고 자신의 꿈에 구애받지 않는 것이 특징입니다.

둘째 현실주의자는 말 그대로 현실을 중시하는 사람으로 행동 지향적인 사람입니다. 현실주의자는 그 사람이 처해 있는 실제 환경을 중요하게 여기고 단기 목표나 계획이 가능합니다. 많은 분들이 현실은 생각하지 않고 꿈만 꾸다가 헛된 망상이라고 핀잔을 듣기도 합니다.

셋째 비판가는 이성적이며 논리적인 사고를 하는 사람입니다. 타인의 판단도 중요하게 생각하고 객관적 사실도 중요한 변수로 자각합니다.

상상 공학은 자신이 간절히 원하는 꿈을 구체적으로 그려보고 실현시키는 데 많은 도움을 줍니다. 실현 가능성이 없는 꿈이나 주변 사람들에게 피해를 주는 꿈은 반드시 다시 점검을 해야 하지요.

꿈과 관련하여 코칭에서 중요하게 다루는 것은 자신의 목표가 다른 사람들의 목표나 바람직한 상태를 방해하면 안 된다는 것입니다. 타인이 나의 꿈을 실현시키는 데 방해가 된다고 생각한다면 어떤 자세를 취하십니까? 실제로 많은 사람들은 상대방이 바뀌어야 한다고 생각하고 상대방의 변화를 위해 많은 에너지를 투자합니다.

그러나 한 가지 명심해야 하는 것은 상대방을 변화시키기 전에 자신이 어떻게 하고 싶은가, 자신이 정말 원하는 것은 무엇인가부터 구체적으로 생각하는 것이 중요하다는 점입니다.

→ (Q1) 당신이 꿈꾸는 가장 멋진 꿈은 무엇입니까?
→ (Q2) 당신의 꿈을 가로막는 현실은 어떤 것입니까?
→ (Q3) 당신의 꿈은 객관적으로 보아 실현 가능성이 있습니까?

꿈꾸는 자는 'What', 현실주의자는 'How', 비판가는 'Why'의 입장에서 질문의 초점을 맞추어야 합니다.

꿈꾸는 자 Dreamer	이 일에서 당신이 기대하는 것은 무엇입니까? 이 일에 다른 가능성이 있다면 무엇입니까?
현실주의자 Realist	어떻게 하면 이 일을 잘 실행할 수 있을까요? 현실적으로 이 일을 통해 얻을 수 있는 유익은 얼마나 될까요?
비판가 Critic	왜 그 사람들이 이 일에 뛰어든다고 생각합니까? 당신은 왜 그 목표를 달성하지 못합니까?

| 상상 공학 질문 유형의 예 |

다시 한 번 상상 공학에 대해 설명하겠습니다.

1) **목적**

상상 공학의 목적은 실현하고자 하는 목표를 성취하는 데 있습니다.

2) **개념**

상상 공학은 월트 디즈니가 자신의 꿈을 현실로 만드는 데 필요한 단계를 설명한 말로 피코치가 스스로 객관적 사실 인식과 판단을 하는 데 매우 효과적인 기법입니다. 꿈꾸고 있는 희망을 단순히 상상만으로 그치는 것이 아니라 현실적인 데이터를 기반으로 한 객관적 사실에 바탕을 둘 때 더 효과적이며, 실제적 상황이나 사건을 객관적이고 전문적인 용어로 표현해볼 때 꿈은 더욱더 실행 가능한 현실이 될 수 있습니다.

3) 활동
코치와 피코치(2인 1조)

① 과거에 자신이 가장 멋진 꿈을 꾸었던 경험을 기억해내도록 합니다.

코치 지금까지 당신이 가장 멋진 꿈을 꾸었던 때를 기억해보시기 바랍니다.

그 경험들을 이용해서 세 개의 공간을 만들어보시기 바랍니다 자, 이곳은 꿈꾸는 자의 공간으로 당신이 가장 멋진 꿈을 꾸었을 때의 방입니다.

다음은 현실주의자의 방입니다. 이 방은 당신이 현실적인 목표나 행동을 한 것을 구체적으로 기억해내는 방입니다.

세 번째 방은 비판가의 방으로 당신이 꿈꾸는 상상들을 이성적,

논리적으로 비판해보는 방입니다.

② 현재 꿈꾸고 있는 것을 상기해 보게 합니다.

코치 지금 당신이 하기를 원하는 것이 있다면 그것을 말씀해주시겠어요?

당신이 이루고자 하는 꿈을 꿈꾸는 자의 공간에서 제한받지 말고 마음껏 상상해보시기 바랍니다.

③ 현실주의자의 공간으로 들어가 꿈을 실천할 수 있는 방법을 물어봅니다.

코치 어떻게 하면 그 꿈을 성취할 수 있을까요?

현재 목적을 달성하는 데 세부 목표로 어떤 것이 있을까요?

꿈을 실현시키기 위해 어떤 행동을 취할 수 있을까요?

④ 비판가의 공간으로 들어가 잘못된 것과 부족한 점에 대해 평가해봅니다.

코치 당신의 계획에서 무리가 되거나 잘못된 것이 있다면 어떤 것이 있을까요?

주변에서 당신의 계획에 반대하는 사람들이 있었다면 그들의 지적은 어떤 것들이었나요?

당신이 이것을 실행했을 때 어떤 이익이 있을까요?

당신이 이것에 실패한다면 어떤 손해가 있을까요?

⑤ 메타 공간으로 나와 각각의 공간을 재점검하여 부족한 부분이 있는 공간에 다시 들어갑니다.

코치 자, 세 개의 방에서 각각의 역할을 충분히 느껴보셨다면(앵커) 이제 메타 공간으로 걸어 나오시기 바랍니다.

이번에는 메타 공간에서 각각의 방을 들여다보고, 꿈을 성취하기 위해 어느 방에서 조정이 필요한지 생각해보고 그 방으로 다시 들어가보시기 바랍니다.

들어간 방에서 꿈을 이룰 수 있도록 재조정해보시기 바랍니다.

⑥ 각각의 방에서 재조정이 끝났으면 꿈꾸는 자, 현실주의자, 비판가의 방을 순차적으로 걸어봅니다.

코치 꿈꾸는 자의 방에서 가능성을 찾아보고, 현실주의자의 방에서 목표 달성과 실행 가능한 방법을 찾아보시기 바랍니다.

마지막으로 안 되는 부분과 부족한 부분에 대해 비판가의 방에서 평가해보시기 바랍니다.

이렇게 세 방을 걸어 다니며 부족한 것이 있는 방은 재조정하고 순차적으로 걸어봅니다.

⑦ 메타 공간으로 가서 피코치가 원하는 것을 물어보게 합니다.

코치 당신이 무엇을 원하는가에 대해 다시 생각해보십시오. 원하는 것이 생각났으면 꿈꾸는 자의 위치로 가보세요. 당신이 원하는 것을 이루고 난 다음의 그림은 어떤 것입니까? 당신이 이것을 하는 의미는 무엇입니까? 이것을 성취하면 어떤 일이 일어납니까?

⑧ 마지막으로 실행 계획을 세워보게 합니다.

코치 현실주의자의 공간으로 이동해서 당신이 원하는 그림을 어떻게 이룰 것인지 말씀해주시겠습니까? 그 계획은 언제 진행됩니까? 그 계획은 어떻게 진행됩니까? 그 계획은 누구와 진행됩니까? 본인이 생각하기에 계획이 만족스럽게 잘 실행되었다고 생각합니까?

상상 공학은 코칭에서는 실제로 활동 순서가 길어 시간이 많이 필요한 기술입니다. 그러나 간단하게 정리해 적용해볼 수 있도록 설명하자면, 꿈꾸는 자의 방·현실가의 방·비판가의 방에 각각 들어가 그 방에 맞는 질문을 스스로 던져보고 나온 뒤 조정이 필요하다고 생각되는 방에 들어가 재조정해서 나오면 됩니다.

이 장에서는 하나님이 우리에게 주시는 꿈, 비전에 대해서 살펴보았습니다. 조지 바나George Barna는 이런 말을 했습니다.

"하나님은 자신을 친밀하게 알기를 고집하는 사람들에게만
그의 비전을 전달하신다."

이제 하나님께 보다 가까이 다가가 우리의 마음을 정결히 하고 하나님께 기도하는 시간을 내드리는 게 어떨까요?
다음 기도 제목으로 하나님께 기도해봅시다.

"하나님! 저에게 저를 향한 하나님의 비전을 말씀해주세요."

말씀 묵상

요셉이 다시 꿈을 꾸고 그의 형들에게 말하여 이르되 내가 또 꿈을 꾼즉 해와 달과 열한 별이 내게 절하더이다 하니라

「창세기」 37장 9절

그의 형들이 그에게 이르되 네가 참으로 우리의 왕이 되겠느냐 참으로 우리를 다스리게 되겠느냐 하고 그의 꿈과 그의 말로 말미암아 그를 더욱 미워하더니

「창세기」37장 8절

서로 이르되 꿈꾸는 자가 오는도다

「창세기」37장 19절

믿음
소망의 끈

그동안 저는 하나님의 섭리에 대해 생각을 해왔습니다. 처음 방송 출연을 제의받고 고민할 때 하나님께서 미국에서 온 어느 여자 전도사님을 보내주시어 두려워 말고 하나님의 인도하심을 받으라는 이야기를 해주셨습니다.

저는 신앙생활을 하면서 살아 계신 하나님의 인도하심에 때로 참 놀랍고, 날마다 사도행전적인 일들이 드러나진 않지만 늘 함께하는 은혜에 놀라움을 금치 못합니다.

"믿음 없이는 하나님을 기쁘시게 못하나니 하나님께 나아가는 자는 하나님이 계신 것과 그를 찾는 자에게 상 주시는 이심을 믿어야 한다"고 하셨지요. 믿음을 가지고 하나님께 나아간다는 것이 얼마나 놀라운 은혜요 특권인가를 이제야 조금 알 수 있을 것 같습니다.

이 장에서는 믿음에 대해 여러분과 솔직하게 이야기를 해보려고 합니다.

1 믿음에 대한 소고小考

믿음은 "어떤 사실이나 사람을 믿는 마음"을 말하는데, 여러분은 무엇을 믿습니까? 당연히 크리스천이라면 하나님, 예수님, 성령님을 믿는다고 고백을 하겠지요.

그런데 지금 그분이 우리와 함께 동행하고 계신지요?

날마다 나에게 일용할 양식을 주시고 나의 작은 일을 인도하시며 앞으로 벌어질 미래의 일까지도 세세하게 인도해주시고 있다는 확신이 있는지요?

우리의 신랑 되신 예수 그리스도는 누구입니까?

우리는 그분이 하나님의 아들이시며, 그리스도이시며, 메시아이시며, 우리의 구원자이심을 의심하지 않습니다. 그런데 그분은 우리 안에서 제대로 대접을 받지 못합니다. 우리는 그분이 우리 안에서 어떤 감정을 느끼시는지, 무슨 말을 하고 싶어 하시는지 별로 관심을 갖지 않습니다. 다만 우리가 필요할 때, 힘이 들 때 가끔 그분을 기억하고 찾습니다.

저는 10년 전 죽음과도 같은 십자가의 고통을 경험하면서 예수님을 만났습니다. 하나님은 저 멀리 계신 분이고 예수님은 낯선 이방인에 불과한 분이셨는데, 그분이 먼저 저를 찾아와 당신이 하나님의 아들이신 것과 저의 죄 때문에 십자가에 못 박혀 돌아가신 분이신 것을 깨닫게 해주셨습니다.

인생이 달라졌지요.

세상을 보는 눈이 달라졌지요.

믿음이 무엇인가 생각하게 되었지요.

예수님으로 인해 사람이 달라졌습니다.

천지를 지으신 하나님의 영이 나와 함께하고 있는 이 기쁨, 이것을 어떻게 증거할까, 앞으로 하나님께 어떻게 쓰임받는 인생이 될까를 생각하면 가슴 벅차오르는 감격이 있습니다.

저는 코칭 기술을 여러분에게 소개하는 것도 대단히 보람이 있지만, 그것을 인도해주신 하나님에 대해 말할 수 있는 기회가 제게 있다는 것이 얼마나 감사한지 모릅니다. 모든 기회를 주신 하나님께 진실로 감사함을 드립니다.

「히브리서」 11장 1절에 보면 "믿음은 바라는 것들의 실상이요 보지 못하는 것들의 증거니"라는 말씀이 있습니다. 저는 이 말씀이 살아 운동력이 있는 말씀이라는 것을 저의 경험 속에서 체험했습니다. 저는 여러분과 믿음에 대해서 이야기를 나눌 수 있는 것에 대해 매우 놀랍고 기쁘게 생각합니다.

일반 코칭은 사람의 잠재 능력을 최대한 계발시켜 일과 조직에서 최대의 성과를 낼 수 있도록 도와주는 과정을 말하지만, 크리스천 코칭은 하나님의 자녀들로 하여금 하나님의 비전을 성취할 수 있도록 격려하며 돕는 것을 말합니다.

하나님의 비전 성취는 믿음이 없이는 이룰 수 없습니다.

「히브리서」 11장 6절에 보면 "믿음이 없이는 기쁘시게 못하나니 하나님께 나아가는 자는 반드시 그가 계신 것과 또한 그가 자기를 찾는 자들에게 상 주시는 이심을 믿어야 할지니라"고 하셨습니다. 믿음이 없이는 그 어떤 일도 하나님을 기쁘시게 못합니다. 세상적으로 많은 업적을 쌓았다고 할지라도 그것이 하나님과 상관이 없으면 무슨 소용이 있겠습니까?

앞에서 코칭과 관련하여 많은 주제를 다루었습니다. 경청, 용기, 감사, 공감, 기쁨, 비전에 이르기까지 다양한 주제를 다루었습니다. 그리고 각각 코칭 기술을 하나씩 배우며 실제로 하나님의 말씀에 적용해보도록 했습니다. 그러나 이 모든 것은 어디까지나 기술입니다. 더 중요한 것은 그 속에 들어 있는 하나님을 만나는 것입니다. 복음의 본질을 믿음 안에서 회복할 때 우리는 살 수 있습니다.

하나님은 이렇게 살아 계시며 우리의 앞길을 인도하시고 놀라운 계획을 갖고 계시는데, 우리가 믿음이 없어 그분의 말씀을 청종치 못한다면 얼마나 인생의 낭비입니까?

저는 놀라운 기대를 갖고 있습니다. 세상적으로 말세의 징조들이 보이고 세상은 혼탁하고 어지럽지만, 우리 믿는 자들이 깨어 있어 주님이 오실 때를 준비하며 기다릴 때 하나님이 어떻게 우리를 인도하시고 하나님의 자녀들을 들어 쓰실지 저는 정말 기대가 됩니다.

어떤 믿음의 자세로 깨어 주님의 자녀들에게 하나님이 이 땅에서 명령한 지상 과제를 잘 수행할 수 있을까를 생각하면 두렵고도 떨리는 마음을 갖게 됩니다.

주님의 양떼를 맡은 목자들은 더욱 기도해야 할 것이며, 크리스천 평신도 지도자들은 더욱 모여 기도하기를 힘써야 할 것이며, 기름을 예비한 슬기로운 다섯 처녀처럼 우리는 주님이 오실 때를 믿음으로 준비해야 합니다.

하나님과 우리의 관계를 믿음으로 재정비해볼 것을 권하면서 다시 코칭 본론으로 들어가겠습니다.

2 토테 모델 TOTE Model

믿음 생활을 한다는 것에는 하나님이 우리에게 주신 사명을 깨닫고 목표를 위해 전진하는 것이 포함되어 있습니다. 코칭에서 미래의 목표를 이루기 위해 믿음으로 달려가 목표를 성취하는 데 있어 간단하게 응용해 볼 수 있는 기술이 하나 있습니다.

바로 토테 모델 TOTE Model이라고 하는 기술인데, 방법은 매우 간단합니다.

먼저 우리 마음속에 어떤 목표를 하나 정합니다.

(예 : 유학을 가겠다.)

① 그 목표가 달성되는지 테스트해봅니다.(Test)

(예 : 토플 시험을 본다.)

② 그 목표가 달성되도록 어떤 것을 작동해봅니다.(Operate)

(예 : 열심히 공부한다.)

③ 다시 그 목표가 달성되었는지 테스트해봅니다.(Test)

(예 : 다시 시험을 본다.)

④ 목표가 달성되었으면 다음 단계로 빠져나갑니다.(Exit)

(예 : 원하는 성적이 나왔다면 다음 준비를 한다.)

믿음과 관련해서 토테 모델을 적용해보자면 이렇게 해볼 수 있겠지요.

① 믿음이 있는지 혹은 구원의 확신이 있는지 테스트한다.(Test)
② 기도 혹은 묵상, 말씀 공부를 한다.(Operate)
③ 구원의 확신이 있는지 테스트한다.(Test)
④ 더 높은 은혜를 사모한다.(Exit)

토테 모델을 효과적으로 수행하기 위해서는 확고한 믿음으로 미래의 목표를 가져야 합니다. 나의 현재 상태를 점검해보도록 테스트하고, 믿음 가운데 원하는 목표를 이루기 위해 무엇을 작동해야 하는지 실제 행동으로 나타내보고, 그리고 다시 현재 상태를 테스트해보고, 목표를 이루었으면 다음 단계로 전진하는 것이 토테 모델입니다.

3 믿음과 관련된 코칭 기술 적용

그동안 배운 코칭 기술 가운데 믿음과 관련해서 적용해볼 수 있는 것이 있다면 어떤 것이 있을까요?

대표적인 것이 모델링Modeling 기법입니다. 모델링은 주님을 닮아가기 위해 할 수 있는 기법이지요. 주님의 시각에서 보고, 생각하고, 느끼는 기법입니다. 우리의 시각이 아닌 주님의 관점에서 상대방을 이해하고 생각한다면 모든 인간관계도 좋아질 뿐 아니라 우리의 믿음도 주님 안에서 더욱 성장할 수 있을 것입니다.

또 적용해볼 수 있는 기법이 주관적 몰입Association입니다. 주님의 말씀을 묵상해보면서 깊이 있게 몰입을 해보면 믿음도 더욱 성장하겠지요.

바다에 배를 정착하기 위해 닻을 두는 것처럼 우리의 신앙에도 믿음의 닻을 두는 앵커링Anchoring 기법도 있습니다.

타임 라인Time Line은 또 어떤가요? 우리의 인생 가운데 주님이 어떻게 우리의 삶을 인도해오셨는지 과거에서 미래로 시간선을 따라 쭉 밟아 나가는 과정에서 하나님의 놀라운 은혜를 경험할 수 있습니다.

그리고 스위시Swish 기법도 있습니다. 기분 나쁜 것을 기분 좋은 그림으로 바꾸는 기법이지요. 세상적인 고통의 그림들을 주님이 주신 은혜의 그림들과 바꿔보는 기법을 적용할 수 있습니다.

어찌 보면 지금까지 살펴본 모든 코칭 기술들이 결국은 믿음을 더욱 굳게 만드는 데 도움이 되는 기법들입니다.

중국산 대나무 이야기를 하나 소개하겠습니다. 중국산 대나무는 심은 지 4년이 되도록 사람 눈에는 전혀 자라지 않는 것처럼 보인다고 합니다. 물론 4년 동안 물과 거름, 빛이 제공되지만 육안으로는 잘 모른다고 합니다. 그러나 5년째 되는 해에 놀랍게도 나무는 5주일 동안 높이가 90피트나 자란다고 합니다. 5년 동안 계속 자랄 준비를 하고 있었다는 것이지요. 어느 시기라도 사람들이 물과 비료

주기를 중단했다면 그 나무는 죽고 말았을 것입니다.

아무리 신실한 크리스천이라도 인생을 살다 보면 자신의 노력과 계획이 조금도 성장하지 않는 것처럼 느껴질 때가 있습니다. 그때 낙담하여 노력하기를 포기하게 되는데, 중국산 대나무처럼 물과 비료를 계속 주면서 꿈을 잃지 않고 계속 전진하다 보면 놀라운 결실을 맺을 때가 옵니다.

꿈꾸는 자 요셉처럼 어려운 상황에서도 끝까지 포기하지 않고 하나님이 우리에게 주신 비전을 성취하는 저와 여러분이 되시길 소망합니다.

마지막으로 믿음에 대해 살펴보면서 저의 짧지만 솔직한 이야기도 함께 나누고, 또 원하는 목표를 위해 현재 상태를 점검해보고 다시 목표를 이루기 위해 작동해보는 토테 모델에 대해서도 살펴보았습니다.

믿음이 들어오면 우리 삶에서 변화가 일어납니다. 나사렛 예수 주변에서 일어났던 변화들에 대해 잠시 생각해보겠습니다.

예수님은 물고기를 낚는 어부들을 영혼을 건지는 어부로 변화시키셨고, 의사를 시인으로, 살인자를 교회의 지도자로, 세관원을 백성의 지도자로, 버림받은 여인을 복음 전도자로 변화시키셨습니다.

예수님은 어떤 소년이 가져온 보리떡 다섯 개를 떼어 5천 명의 군중을 배불리 먹이셨습니다. 그 예수님이 '당신의 인생'이라는 떡을 들고 질문하고 계십니다.

"이 떡을 네게 떼어주랴?"

여러분이 고개를 끄덕이며 "네!"라고 대답하기만 한다면 여러분의 삶은 꿈에서도 상상하지 못한 놀라운 모습으로 변화될 것입니다.

말씀 묵상

그러므로 믿음은 들음에서 나며 들음은 그리스도의 말씀으로 말미암았느니라

「로마서」 10장 17절

너희는 그 은혜에 의하여 믿음으로 말미암아 구원을 받았으니 이것은 너희에게서 난 것이 아니요 하나님의 선물이라

「에베소서」 2장 8절